애인처럼 아담한 사이즈
밥 사랑하듯 책 사랑을!
포켓 스마트 북 ⑮
대추나무 울타리

울타리글벗문학회

도서출판 한글

실용적
포켓스마트 북 ⑮
대추나무 울타리

2025년 8월 25일 1판 1쇄 인쇄
2025년 8월 30일 1판 1쇄 발행
편　　자　울타리글벗문학회
기획자문　최강일
편집고문　김소엽 이진호 김무정 최향섭
편집위원　김홍성 이병희 최용학 심광일
발 행 인　심혁창
주　　간　현의섭
교　　열　송재덕
디 자 인　박성덕
인　　쇄　김영배
관　　리　정연웅
마 케 팅　정기영
펴 낸 곳　도서출판 한글
☎ 02-363-0301 / FAX 362-8635
E-mail : simsazang@daum.net
창　　업 1980. 2. 20.
이전신고 제2018-000182
* 파본은 교환해 드립니다.
* 정가 7,000원
* 국민은행(019-25-0007-151 도서출판한글 심혁창)
ISBN 978-89-7073-647-1(12810)

머리말

스마트 북 울타리

이 포켓 스마트 북 『울타리』는 정기 간행물이 아닌 휴대 간편한 포켓북입니다. '스마트 폰' 때문에 종이책을 멀리하는 분들에게 독서를 권장하는 메신저의 사명을 띠고 발행합니다.

대한민국 국민 모두를 울타리 안으로!
우정의 다리 스마트 북 울타리

이 울타리가 친구간의 우정을 다지는 다리가 될 줄은 몰랐습니다.

최근에는 울타리 독자 가운데 이 책이 나올 때마다 구입하여 친구한테 보내주며 우정을 다지는 독자들이 날로 늘어나고 있습니다.

친구 간에 흔히 카톡 문자로 인사를 나누지만 형식적이 되고 마는 경우가 있습니다. 우편으로 보내주는 우정의 사절 '스마트 북 울타리'는 만나서 차나, 술대접하는 이상의 진지한 인간관계 유대에 도움이 되고 받아보는 친구가 기뻐하고 고마워하게 합니다.

친구 간에 편지를 주고받듯 마음을 나누는 우정의 다리가 되어주는 책이 바로 이 '스마트 북 울타리'입니다.

다 읽은 후 절친한 분한테 드리면
우정의 선물이 됩니다.
울타리를 사랑하고 후원해 주시는 독자님들께 감사드립니다.
한국출판문화수호 지킴이

발행인 심혁창

차 례

머리말 / 스마트 북 울타리 / 발행인·····3

전철맨·····6
전철에서 만난 소중한 독자들·····6

감동 스토리·····11
겸손하고 아름다운 욕심 없는 부자·····11
고수와 하수의 차이·····15
공감의 힘·····20
정직 '내 것이 아니면'·····25

항일운동사·····27
도산 안창호 (4) / 최용학·····27
도산 안창호 선생·····34

칼럼·····39
청교도 신앙을 되돌아본다 / 강덕영·····39
역사는 시간의 흐름이 아닌 힘의 흐름 / 최민호·····43

그레이트 포엠·····51
축제의 노래 / 박이도 / 시감상 박종구·····51

모던 포엠·····54
天山의 하늘 / 이장우·····54
마지막 잎새 / 정경혜·····55
올 유월은 / 노곡 조성국·····56
울릉도 / 박영교·····57
소백산 솔향기 / 김복희·····58
춤추며 가는 길 / 전형진·····59

서경범 연작시 ②·····61
인강 흐르다 (2)·····61

명사 포커스·····64
카나다 이유식 시인의 활약 / 조성국·····64

스마트 소설·····67
이상한 주부클럽 / 이건숙·····67

이상한 해후 / 신외숙·····71
그놈이 이놈이여? / 백혜숙·····77

동화·····81
가면 백일장 / 손연옥·····81

독후감·····96
하버드 인생특강 / 최강일·····96

스마트 수필·····110
우리는 책대로 했다 / 최건차·····110
글에도 맑은 향기가 있어 / 남춘길·····116

세계명언 (4)·····120
선을 수반한 겸손 / 김홍성 편·····120

출판계 알레고리(8)·····123
넷째 남자 (8) / 심혁창·····123

명작 읽기·····133
홀로코스트 (15)·····133

특정장애 치유 (1)·····144
영혼을 구원하는 사람 / 최향섭·····144

일반 상식·····147
우대받는 화교와 불쌍한 우리 국민·····149
마지막 詩와 영혼의 여정·····156
아름다운 나비 효과·····160

외래어 (8)·····164
많이 쓰이는 외래어(매회 보완) / 이경택·····164

문학·예술 플라자·····180
하늘 사다리 미술/만평 /심광일·····181

南谷畵廊·····182
오체서예·····183
서체와 사자성어 / 이병희·····184
중국간자 (5)·····190

울타리 후원자·····192

5

전철맨

전철에서 만난 독자들

전철에서 책 읽는 독자는 얌전히 경로석 쪽 전철 칸과 칸 사이 벽에 기대어 책 읽는 분이 많다. 나는 "죄송합니다만 책 표지 좀 촬영할 수 있을까요?" 하면 100% 쾌히 허락하고 책 표지를 펼쳐준다. 그러면 지금 읽고 계신 본문 두 페이지만 촬영하게 해주실래요 하면 역시 쾌히 본문을 펼쳐 보여준다. 책 읽는 사람은 거의 곱고 착한 인품이다.

내가 만난 분들의 책을 소개하다 보면 보편적으로 그분들이 읽는 책은 모두 수준 있는 양서였다.

독자와 책을 만나 표지를 찍고, 금방 읽고 있는 2쪽을 촬영하여 그 대목을 읽어보면 신기하게도 그 책 주제의 핵심이 정리된 듯한 내용들이었다.

(전철에서 만난 독자 분은 이름도 성도 모르는데 이 책을 드렸더니 은행계좌로 '전철맨'이라는 이름으로 후원금을 보내주시어 그분의 뜻에 감사드리며 장르제목을 '전철맨'으로 했습니다. 전철맨님 감사합니다.)

2025년 6월 20일 오전 6시 50분
경로석이 도서실이 되어 있는 전철 장면

전철1호선 의왕역 경로석에서 세 분이 각기 독서중

와다 히데키 저
오시연 역

어차피 죽을 거니까

죽고 싶지 않다고 생각할수록 '인생의 행복도'는 떨어진다.

나 같은 경우에는 췌장암일지도

모른다는 말을 들었을 때 한번은 죽음을 각오했기 때문에 그 후 코로나바이러스가 유행했을 때도 동요하지 않았다. '어차피 죽을 건데 아등바등해도 소용없다. 언제까지 살 수 있을지 모르니 여행이나 외식을 참으면서 살고 싶진 않다'라고 마음먹고 소신껏 행동했다.

예를 들어 80세인 사람이 코로나바이러스가 무서워서 여행도 가지 않고 집에 있다가 죽을 수도 있다. 그렇게 죽는다면 결국 후회하지 않을까?

고행자가 외출도 하지 않고 집에 들어박혀 누구와도 대화하지 않고 불안을 부추기는 TV만 보고 있으면 코로나에 걸리진 않겠지만, 오늘 살아있는 것은 크나큰 행운이다. 나는 노인전문 정신과 의사로서 많은 고령자와 접해왔다. 6천 명 이상을 넘는 곳과 강연회 등 병원이 아닌 곳도 보아왔다.

성심의 메시지

무시당하는 사랑과 성체 성사의 오묘한 이치

나 스스로 끌 수 없는 오묘한 사랑의 불길 때문에 성체 성사를 세우려던 그때, 나의 성심이 받은 고통을 기록하여라.

그때 나는 하늘에서 내려온 빵을 먹고 생활할 영혼들을 생각했다. 나에게 자신을 바친 많은 영혼이 나를 냉대하는 것을 보았으며 냉대할 뿐만 아니라 나의 성심에 상처를 내는 사제들의 영혼도 보았다. 이들이 나에게 헌신하기 이전의 습관 때문에 나약한 상태가 되어, 신심 생활에 염증을 느끼다 못해 냉담지경에 이르게 되는 것도 보았다.

그러나 나는 이 감실 속에서 영혼들이 돌아오기를 고대하고 있다. 나는 그들이 나에게 돌아와 나를 받아들이고 자신들에게 가장 가까운 짝에게 이야기하듯이 나와 이야기하며, 나에게 은총을 내려달라고 간청하기를 바라고 있다.

나는 돌아온 그들에게 나에 대한 굳은 신뢰심을 가지고 생활하라고 말하며 이렇게 말한다.

"너희는 죄인들의 마음을 나에게로 끌어오너라, 죄인들을 대신하여 보속하려면 너의 자신을 나에게 바쳐라. 이제부터는 나를 절대로 홀로 버려두지 않겠다고 약속하여라.

지적 대화를 위한 넓고 얕은 지식

 기존의 공리학은 시간(t)에 대한 위치(s)와 속도(v)의 함수로 표현한다. 즉, [s=v.t]를 파악하는 학문이 물리학이다. 우리가 중학생 시절에 지겹게 암기했던 거리는 속력 곱하기 시간이 그것이다. 세상의 모든 존재자는 [s=v.t]의 법칙에 따라 정확히 움직인다. 그런데 어찌된 일인지 소립자의 세계에서는 물리학의 가장 기초 법칙이 적용되지 않는 것처럼 보였다. 소립자 세계에서는 위치(s)를 정확히 파악하려 하면 속도(v)가 불확실해지고, 반대로 속도(v)를 정확히 측정하려 하면 위치(s)가 불명확해졌다.

 예를 들어보자. 엄청난 기술력을 바탕으로 특수하게 제작된 현미경이 있고, 이를 통해 전자를 관찰하기로 했다. 그런데 관찰이라는 행위는 빛이 물질에 반사되어서 눈에 도달하는 과정을 의미한다.

감동 스토리

위대한 이름 석 자, 손.창.근
겸손하고 아름다운 욕심 없는 부자

국보 '세한도'의 기부자 손창근 씨가 조용히 세상을 떠났다. 95세. 지난 6월 11일 별세했지만, '세한도'를 기증받은 국립중앙박물관에서도 알지 못했다.

뒤늦게 소식을 전해들은 박물관 측은 당혹해했다. 담당자는 "세한도 기증하실 때도 아무 말씀 없으시더니… 20년 근무에 이런 일은 처음"이라며 말을 잇지 못했다. 차남 손성규 연세대 교수는 "아버지께서 특히 박물관·산림청에 알리지 말라고 당부했다"며 "뜻에 따라 조용히 가족장으로 치렀다"고만 했다.

손 씨는 1929년 개성에서 태어났다. 1953년 서울대 섬유공학과 졸업 후 공군에서 예편했다. 1960년대 스위스 상사에서 여러 해 일한 뒤 부친과 사업을 이어갔다. 그는 '세한도'의 기증으로 2020년 문화훈장 최고 영예인 금관문화훈장을 받았다. 문화유산 보호 유공자 포상을 시작한 이래 금관문화훈장 수훈은 그가 처음이었다.

사실 '세한도'는 그의 마지막 기증품이다. 팔순이 되

던 2008년 국립중앙박물관회에 연구 기금으로 1억원을 기부했다. 2012년에는 경기도 용인의 산림 약 200만 평(서울 남산의 2배 면적)을 국가에 기증했다. 50년 동안 잣나무·낙엽송 200만 그루를 심어 가꿔오던 시가 1천억 원 땅이었다. 2017년에는 연고가 없는 KAIST에 50억 원 상당의 건물과 1억 원을 기부했다.

2018년, 구순을 맞아 『용비어천가』 초간본(1447)부터 추사의 난초 걸작 '불이선란도'까지 304점을 국립중앙박물관에 기증했다. 박물관은 이를 기려 손세기·손창근 기념실을 마련했다. 추사 김정희를 중심으로 그와 교류했거나 영향을 받은 제자들의 작품까지 함께 모은 컬렉션이었다. 손창근 씨는 이때 처음이자 마지막으로 사람들 앞에서 기증의 소회를 밝혔다.

"한 점 한 점 정(情)도 있고, 애착이 가는 물건들입니다. 죽을 때 가져갈 수도 없고 고민 고민 생각하다가 박물관에 맡기기로 했습니다. 손 아무개 기증이라고 붙여주세요. 나는 그것으로 만족하고 감사합니다."

인터뷰도 한사코 마다했다. 마지막까지 남겨둔 세한도'를 기증하기로 결단한 것은 그로부터 1년 2개월 뒤였다.

대를 이은 기부였다. 개성에서 인삼재배와 무역을

하다 월남한 부친 손세기 씨는 칠순을 앞둔 1973년, 당시 박물관이 없던 서강대에 보물 '양사언 초서'를 비롯해 정선·심사정·김홍도 등 고서화 200점을 기증했다. 기증서에 이렇게 남겼다.

"우리의 선조께서 물려주신 유품들을 영구보존하여 주시고 귀교에서 공부하는 학생들이 이 박물관을 통해 우리의 옛 문화를 연구하는 데 도움이 되게 하여주시기를 바라나이다."

여러 차례 기부를 이어갔음에도 드러내기를 꺼렸다. 금관문화훈장 수훈 때도 자녀들만 대신 보냈다. 영상으로 전한 메시지에는 딱 한마디만 했다.

"감사합니다.

용인 땅 기부 때는 더했다. 약속 없이 대리인만 보냈기에 산림청 직원들은 그의 얼굴도 몰랐다. "수도권 지역의 끈질긴 개발 유혹을 뿌리치기 위해 재산을 국가에 기부하기로 결심했다"며 신상을 공개하지 말아 달라고 했다. 기부를 알리는 것도 사회 기여라는 설득에 손 씨는 "자녀들도 내 뜻에 선뜻 동의했다는 것만 알려 달라"고 당부했다.

국립중앙박물관은 올 초 기증실을 개편하고 지난달까지 '세한도'를 특별 전시했다. 손 씨는 이때도 나타

나지 않았다. 아끼던 유물들이 기증돼 있는 박물관이었지만 2020년 이후 발길도 하지 않았다.

국보 '세한도'는 15m 두루마리 대작이다. 추사가 1844년 그린 그림에 청나라 명사 16명이 쓴 감상문, 오세창·정인보 등 우리 문인들의 글이 붙어 길어졌다. 그림 오른쪽 아래 '오래도록 서로 잊지 말자'는 의미의 '장무상망'인이 찍혀 있다.

조용한 기부에 이은 조용한 죽음, 오래도록 잊지 말아야 할 귀한 가치를 세상에 남기고 손창근 씨는 떠났다.

작성자 이동현

(이동현님께 : 이 글이 너무 좋아서 올렸습니다. 양해를 구합니다.)

고수高手와 하수下手의 차이

예전에 박정희 대통령이 소양강댐을 건설하려고 국내 대표건설사 4곳을 불렀다.

각 건설사는 어떻게 하면 수주를 받을 건지 고민할 때, 한 건설사는 서울 지도를 펼쳐놓고 상습 침수구역 중 '소양강댐이 건설되면 침수되지 않을 지역'을 찾아 그곳의 땅을 싸게 샀다.

어느 누구도 '상습침수구역'이라 거들떠보지도 않는 땅이었으니 건설사를 투기꾼이라 비난할 필요도 없다. 그 땅이 바로 지금의 강남구 압구정이다. 지금도 압구정에는 H건설사 땅이 많이 있고 백화점도 있다.

남들이 댐 공사로 돈을 벌려고 치열하게 경쟁할 때 한 단계 더 멀리 본다는 것, 이것이 고수와 하수의 차이다.

초등학교 학생들에게 얼음이 녹으면 뭐가 되는지 물었더니, 대부분 학생은 물이 된다고 했는데 한 학생이 대답하길 봄이 온다고 했다. 얼마나 멋지고 감탄스럽고 획기적인 아이디어 인가? 우리는 남들보다 한 단계, 한 걸음 더 멀리 보아야 한다.

여러분은 뭐라고 대답했을까? 나도 물이라고 생각했다. 과학시간에 그렇게 배운 사고의 틀을 깨지 못한 것이다. 임계점이 뭔지 생소하신 분 들이 있을 거다. 물이 끓는 온도가 100도인데 99도까지는 물의 성질이 변하지 않는다. 마지막 1도 이게 있어야 물이 끓고 성질이 변한다. 고수와 하수의 차이는 1도, 마지막 남은 1도의 차이라고 한다.

많은 수치도 아닌 1도의 차이가 고수와 하수의 차이라는데 고수와 하수의 격차는 엄청나다. 금전적으로나 모든 면에서 마지막 남은 3고지를 눈앞에 두고 포기하느냐 정복하느냐이다.

쉬운 예가 건강이고 다이어트다. 조금만 더 운동하고 노력하면 될 거 같은데 1도가 늘 부족하다. 어제도 부족했고 내일도 부족할 거다. 왜냐하면 우리는 하수이니까.

지금 이 글을 읽는 순간부터는 당신은 임계점을 극복한 고수다. 다이어트든 공부든 승진이든 모든 분야에서 마지막 남은 1도를 극복하시고 기존의 틀을 깨는 사고방식으로 고수가 될 것이다.

세상을 바꾸는 생각의 기적, 생각의 방식에 따라 결과는 천양지차로 달라진다. 북극 에스키모들에게 냉장

고를, 아프리카 원주민들에겐 신발을 팔겠다는 엉뚱한 생각, 종종 이런 바보들의 용기가 암담해 보이는 낯선 이 세계를 블루오션으로 바꾼다. 황금알을 낳는.

옛날, 박정희 대통령이 정주영 회장을 청와대로 급히 불렀다.

"달러를 벌 좋은 기회가 왔는데, 못하겠다는 이들이 있소. 임자가 지금 당장 중동에 다녀오시오. 만약 정회장도 안 된다고 하면 나도 포기하지요."

정 회장이 물었다.

"무슨 얘깁니까?"

"1973년 석유파동 이후 중동국가들은 달러를 주체 못해 그 돈으로 여러 사회 인프라를 건설하고 싶은데, 너무 더운 나라라 선뜻 해보겠다는 나라가 없는 모양이오. 우리나라에도 의사를 타진해 와서 관리들을 보냈더니, 2주 만에 와서 하는 얘기가 너무 더워서 일을 할 수 없고, 건설공사에 절대적으로 필요한 물이 없어 공사가 불가능하다는 거요."

"알겠습니다. 당장 떠나겠습니다."

정 회장은 갔다 5일 만에 돌아와 대통령을 만났다.

"지성이면 감천이라더니 하늘이 우리나라를 돕는 것 같습니다."

"무슨 얘기요?"

"중동은 이 세상에서 건설공사 하기에 최적인 곳입니다."

"뭐요?"

"1년 12달, 거의 비가 오지 않으니 365일 내내 공사를 할 수 있고요."

"또 뭐요?"

"모래, 자갈이 건설 현장 곳곳에 널려 있으니 자재 조달도 쉽고요."

"물은?"

"그거야 기름을 우리나라로 싣고 와서 돌아갈 때 유조선에 물을 채워가면……."

"50도나 되는 무더위는?"

"천막을 치고 낮에는 잠자고 공사는 밤에 하면……."

대통령은 부저를 눌러 비서실장을 불렀다.

"이 회사가 중동에 나가는데 정부가 할 수 있는 모든 지원을 하시오!"

정 회장 말대로 한국인은 낮엔 자고 밤에는 횃불을 들고 열심히 일했다. 세계가 놀랐다. 달러가 부족했던 그 시절, 30만 명의 일꾼들이 중동으로 몰려 나갔고, 보잉 747 특별기편으로 달러를 싣고 들어왔다.

그렇게 우리는 제2차오일 파동을 이기고 중화학공업 육성에 매진할 수 있었다. 돌아보면 이런 사례는 주위에 널려 있다. 한 회사가 신입사원들에게 '나무빗을 스님에게 팔라.'는 과제를 내줬다. 대부분이 '머리 한 줌 없는 스님에게 어찌?'라며 낙심한데 반해, 그 중 한 사람이 머리 긁는 용도로 1개를 팔았다.

또 다른 사람은 방문하는 신도들이 머리 단정에 쓰도록 식당이나 휴게실, 화장실 등에 비치용으로 10개를 팔았다.

그런데 한 사람은 무려 1천 개를 팔았는데, 머리를 긁거나 빗는 게 아닌, 전혀 판이한 용도로 팔았다. 그가 찾은 곳은 깊은 골짜기의 한 유명 사찰이었는데, 주지 스님에게 찾아오는 신도님들께 의미 있는 선물 아이템을 말씀드리겠다며 빗에 스님의 정성어린 필체로 '적선소(積善梳 선을 쌓는 빗)'라 새겨 드리면 감동어린 선물이 될 것이라고 했다.

그러자 주지스님은 나무빗 1천 개를 구입했고, 신도들의 반응이 폭발적이어서 얼마 후 수만 개의 추가 주문을 받았다고 한다.

'세상사 다 생각 나름'이란 말이 있다. 고정관념을 바꾸면 기적이 일어난다. (받은 글)

공감共感의 힘

어떤 할아버지가 암 진단을 받았다. 할아버지는 그때부터 성격이 난폭해지더니 주위사람들에게 욕설을 퍼붓기 시작했다.

그 소식을 듣고 이웃집 꼬마가 할아버지 병실을 찾았다. 30분쯤 아이를 만난 할아버지는 갑자기 태도가 온순해졌다. 이상하게 여긴 사람들이 아이에게 "할아버지와 무슨 말을 했느냐"고 물었다.

아이가 대답했다.

"그냥 할아버지 하고 같이 울었어요."

한글 사랑에 일생을 바친 최현배 선생이 '조선어학회 사건'으로 3년간 옥고를 치르고 감옥을 나왔을 때의 일이다. 한 청년이 매일 새벽 선생의 집에 찾아와 앞마당을 깨끗이 쓸었다. 마을 사람이 그 까닭을 묻자 청년이 말했다.

"저는 함흥 감옥에서 선생님과 한방에 있었습니다. 제가 배탈이 나서 크게 고생한 적이 있었죠. 선생님께선 굶으면 낫는다고 하셨습니다. 그러고는 '혼자선 어려울 테니 같이 굶자'고 하시면서 저와 함께 굶으셨어요. 그러면서 밤늦게까지 저의 아픈 배를 쓰다듬으시며 돌봐주셨지요. 감옥에서 받은 그 사랑에 보답하고자 이렇게 마당을 쓰는 것입니다."

아픈 이에게 베푸는 최고의 위안은 그 아픔을 함께 하는 것이다. 비가 올 때 우산을 씌워주는 사람보다 함께 비를 맞아주는 사람에게 더 따스함을 느낀다.

그것이 공감(共感)의 힘이다. 베토벤은 어린 시절에 비를 흠뻑 맞은 일이 있었다. 빗소리, 바람소리, 물 흐르는 소리에 흠뻑 빠져 옷이 젖는 줄도 몰랐다. 그걸 본 어머니는 빨리 집안으로 들어오라고 야단치지 않고 아들에게 다가가 꼭 껴안아주었다.

함께 비를 맞으면서 자연의 교향곡을 들었다. 훗날 영혼을 울리는 교향곡의 싹은 아마 그때 움트지 않았을까.

공자는 평생 간직할 만한 한 가지 가르침이 있다면 무엇이냐는 제자의 질문에 망설임 없이 "恕(서)"라고 외쳤다.

恕자는 如(같을 여)와 心(마음 심)이 합쳐진 글자이다. 나의 마음이 상대와 같아지는 게 '서'라는 것이다. 공감은 그의 처지에서 함께 생각하고 동행하는 것이다.

나와 생각이 다른 인격체의 입장에 선다는 것은 보

통사람으로선 행하기 어렵다. 매사 남 탓하는 사람이라면 꿈도 꾸지 못할 경지일 것이다.

슈바이처와 헬레네 일화. 유복한 환경에서 엘리트 교육을 받으며 자란 슈바이처는, 어릴 적부터 좋은 옷을 입히려는 부모님에게 이렇게 말했습니다.

"남들은 이렇게 입지 못하는데, 저만 이렇게 입을 수는 없어요!"

그런 그에게 의사가 없어 고통을 받는 아프리카의 현실은 그냥 넘길 수 없는 가슴 아픈 이야기였을 것이다. 그래서 슈바이처는 남은 생을 그들을 위해 살기로 하고 의과 대학에 입학했다.

그러나 의사가 된 그는 헬레네라는 여인과 사랑에 빠졌다. 주변에서는 그가 사랑하는 여인 때문에 아프리카로 떠나는 걸 포기할 것으로 생각했다. 슈바이처는 그녀와의 만남을 심각하게 고민하기 시작했다. 그러던 어느 날 그녀를 찾아가 결연하게 자기 뜻을 밝혔다.

"나는 아프리카로 떠날 사람이오." 많은 고민의 흔적이 남아 있는 슈바이처의 얼굴을 보며 헬레네가 대답했다. "제가 간호사가 된다면 당신을 현실적으로 도울 수 있겠지요?"

그 뒤 헬레네는 간호학을 공부하여 간호사가 되었고,

슈바이처와 결혼 후 함께 아프리카로 떠나 평생 헌신적인 봉사를 하며 살았다. 내 마음을 알아주기보다 상대방의 마음을 헤아려주는 것. 상대방을 바꾸기보다 그를 인정하는 것. 어떤 사랑이든 헌신과 희생, 그리고 배려가 함께해야 진정한 빛이 난다.

잘 사귀면 바람도 친구가 된다

아름다운 장미는, 사람들이 꺾어 가서 꽃병에 꽂아두고 혼자서 바라보다 시들면 쓰레기통에 버려지는데, 아름답지 않은 들꽃이 많이 모여서 장관을 이루면, 사람들은 감탄(感歎)을 하면서도 꺾어가지 않고 다 함께 바라보면서 함께 관광 명소로 즐긴다.

우리 인생사도 마찬가지다. 자기만 잘났다고 뽐내거나 내가 가진 것 좀 있다고 없는 사람을 업신여기거나, 좀 배웠다고 너무 잘난 척하거나, 권력 있고 힘 있다고 마구 날뛰는 사람들은 언젠가는 장미꽃처럼 꺾어져 이용가치가 없으면 배신당하고 버려진다.

내가 남들보다 조금 부족한 듯, 내가 남들보다 조금 못난 듯, 내가 남들보다 조금 손해 본 듯, 내가 남들보다 조금 바보인 듯, 내가 남들보다 조금 약한 듯하면, 나를 사랑해주고 찾아 주고 좋은 친구들이 많이 생기니 이보다 더 좋은 행복이 어디 있는가?

오늘 힘들어 하는 당신에게
마음 한잔의 위로와 구름 한조각의 희망과
슬픔과 외로움을 나눌 수 있는
따뜻한 사랑의 메시지를 전하고 싶습니다.

살아가는 동안 좋은 날만,
좋은 일만 있다면,
삶이 왜 힘들다고 하겠는지요.

더러는 비에 젖고 바람에 부대끼며
웃기도 울기도 하는 것이 우리네 인생이지요.

내 마음 같지 않은 세상이라도
내 마음 몰라주는 사람들이라도
부디 원망의 불씨는 키우지 말고,
그저 솔바람처럼 살다 보면 언젠가는
사철 푸른 소나무를 닮아 있겠지요.

잘 사귀면 바람도 친구가 됩니다.
인내와 손을 잡으면 고난도 연인이 됩니다.

글 / 이해인 수녀님-

정직 '내 것이 아니면'

 1990년대 미국의 자선사업가 케네스 벨링은 샌프란시스코 베이의 빈민가를 지나던 중, 지갑을 잃어버린 것을 알았다.

 벨링의 비서는 빈민가 사람들이 주운 지갑을 돌려줄 리 없다며 포기하자고 했지만, 벨링은 지갑을 주운 사람의 연락을 전화기 앞에서 기다리기로 했다.

 하지만 몇 시간이 지나도 전화연락은 없었다. 비서는 '지갑에 명함이 있으니 돌려줄 마음이 있었으면 벌써 연락이 왔을 겁니다.' 라며 퇴근을 종용했지만 벨링은 침착한 모습으로 전화를 기다렸다. 그리고 날이 어두워질 무렵 드디어 전화가 왔다. 지갑을 주운 사람은 남루한 차림의 어린소년이었고, 돌려준 지갑에 든 돈은 그대로였다. 지갑을 돌려준 소년이 주저하면서 말했다.

 "혹시 돈을 좀 주실 수 있나요?"

 비서는 그럴 줄 알았다며 소년을 비웃었지만, 벨링은 웃으며 소년에게 얼마가 필요한지 물었다.

 "감사해요. 저에게 1달러만 주시면 돼요. 지갑을 주운 후 연락하기 위해 공중전화가 있는 곳을 찾긴 했지만, 전화를 걸 돈이 없어서 옆 가게에서 빌렸어요. 그 돈을 갚으려고요."

소년의 말에 벨링은 속으로 감탄하면서 물었다.

"내 지갑에 돈이 있었는데 왜 그 돈을 쓰지 않았니?"

소년은 환하게 웃으며

"그건 제 돈이 아니잖아요. 남의 지갑을 허락도 없이 열면 안 되잖아요."

소년의 얘기를 들은 비서는 자신의 생각이 부끄러워 고개를 숙였다. 소년의 맑은 눈을 본 비서는 부끄러워 고개를 숙였고, 벨링은 감동한 나머지 소년을 꼭 끌어안았다. 벨링은 즉시 지금까지의 자선사업 계획을 변경하여, 빈민가에서 학교에 갈 형편이 어려운 아이들이 공부할 수 있도록, 그곳의 몇몇 학교에 투자를 했다. 그렇게 마음이 바뀐 것은 바로 그 정직한 소년 때문이었다. 그 학교의 개학식 연설에서 벨링은 "다른 사람을 멋대로 추측하여 평가하지 마십시오. 우리는 사람들 속에 내재한 선량함을 믿고 순수한 마음으로 다른 사람을 대해야 합니다. 그런 마음에 투자하는 것이야말로 가장 가치 있는 일입니다"라고 말했다.

* 이 글은 카카오 톡에 올려 널리 알려진 감동적인 이야기라 원작자를 모르는 채 선택하여 독서권장 차원에서 올렸습니다. 원작자님께 양해와 감사를 드립니다.

항일운동사

도산 안창호 (4)

최용학

안창호와 서한

정한경에게 보낸 서한 : 제1차 세계대전이 종료되고 강화회의가 개최되는 상황에서 미국정부와 교섭을 해야 하고 대한국인국민회도 독립의 의사를 밝힐 것에 대한 의견을 구함

민찬호와 정한경에게 보낸 서한 : 약소국동맹회의에 참석할 대표에 대한 대한국인국민회의 외교권 부여문제와 한족 전체의 자결표시. 외교상 접촉, 경제상 관계 등을 당부

이승만에게 보낸 서한 : 이 서한은 雩南 李承晩 文書 東文篇 17 (연세대 현대한국학 연구소, 1998)에서 발췌. 1918년 12월 16일자 서한에 이어 쓴 것으로, 안창호와 정한경이 약소국동맹회의에 참석한다는 사실을 알리고 1919년 3월 13일자 이승만이 제출한 문제에 대한 답변으로, 특히 영문 잡지 발간을 유보할 수밖에 없는 실정을 밝혔다. 그리고 같은 해 4월 1일

자는 국민회 하와이 지방 총회와 관련된 사안에 대한 설명이며 1919년 10월 25일자의 서한은 상해 임시정부의 상황을 보고하고, 국민회의 애국금 수납을 구미위원부로 이관해 달라고 한 이승만의 요구가 현실적으로 어렵다는 통보.

이상룡에게 보낸 서한 :「石洲遺稿」(고려대학교 출판부, 1973)에 수록되어 있는데, 이상룡이 안창호가 보낸 서한에 답장하며 붙인 원서 서한이다. 독립 운동의 방략으로 외교, 내정, 재무, 군사 분야를 설명한 것.

차경신에게 보낸 서한 : 차경신의 남동생 경수가 집필한 차경신의 전기「호박 사랑 나라 사랑」(기독교문사, 1988)에 수록된 것으로 미국에 간 차경신을 격려하는 내용.

이유필과 조상섭에게 보낸 서한 : 1925년 안창호의 구술을 홍언이 받아 적은 것으로, 흥사단 원동위원부를 주도하던 두 사람에게 보낸 것. 이때 안창호는 미국에 도착한 직후였다. 먼저 안창호는 하와이와 미국의 상황을 소개하고, 이어 흥사단과 임시정부의 현황에 대한 의견을 내고 있었다. 특히 임시정부의 발전책과 유지책으로 안창호는 제도, 구미위원부, 금전 수납 등 6가지를 논의하였다. 또 미주에서 그가 추진할 일로 흥사단 결속, 원동 경영, 경제 활동의 기초와 재미 한인 기관의 통일적 합동을 들고 있었다.

송종익에게 보낸 서한 : 반송된 것인데, 1932년 윤봉길 의거로 일제에 체포되어 국내에서 신문을 받던 7월에 씌어졌다. 안창호는 이광수 등이 정성을 다하여 돌보아서 크게 불편하지 않다고 하였다.

김홍서에게 보낸 서한 : 1936,7년 2년간 남경에 있던 남경동명학원 부지의 매각 문제를 상의한 것

가족에게 보낸 서한 : 부인 이혜련이 잘 보관하여서 상당수가 남아 있다. 국내나 노령·중국에서 부친 서한뿐 아니라 미주에서도 다른 지역에 있으며 보낸 것이 적지 않다. 안창호가 가족에게 보낸 서한은 박재섭, 김형찬 편, 「나의 사랑 혜련에게」(소화, 1999)로 정리된 바 있는데, 현대문으로 윤문하였다. 현재 남아 있는

가장 빠른 서한은 1904년에 보낸 것이고, 가장 늦은 것은 1936년 것이다. 30년이 넘는 세월을 담고 있는 서한에서도 짐작되듯이, 안창호가 가족과 함께한 기간은 10년을 겨우 넘기고 있다. 안창호는 가족에게 매우 자상하고 자애로운 서한을 남겼다. 서한에는 함께하지 못하는 가족에 대한 사랑이 배어 있다. 분실된 것도 있겠지만, 안창호가 아내 이혜련에게 보낸 서한은 113통이 있다.

안창호는 아내를 사랑하면서도 공경하였다. 이미 1904년부터 그는 서한의 모두에 '나의 사랑 혜련이여'라는 허두로 시작하고 있었으며, 인격을 존중하며 항시 경어를 썼다. 종종 함께하지 못하는 남편에게 투정을 하는 아내에게 안창호는 미안한 마음을 감추지 않으면서도, 수난 받는 조국과 민족을 위하여 참아줄 것을 당부하였다. 아울러 아내에게 자녀의 교육을 부탁하며, 동포를 위하여 일할 것을 부탁하곤 하였다. 이혜련은 남편과 함께하지 못하는 외국에서 자녀들을 양육하며 생활을 책임지고 있었다. 안창호가 아내에게 보낸 서한을 보면 그들은 부부 사이라기보다 오히려 스승과 제자 사이라는 인상을 준다.

안창호에게는 중국과 러시아, 국내 및 유럽 지역으로부터 보내온 서한이 그의 행적과 관련이 많다.

이 서한은 미국 로스앤젤레스에서 오랫동안 부군의 유품을 정성스레 보관해 오던 이혜련 여사가 1969년 돌아가신 후에 유족 3남 2녀에 의해 관리되다가 1985년 3월 11일 독립기념관에 기증하여 밝혀졌다. 이들 서한이 안전하게 보존될 수 있음은 미국이었기에 가능했다.

여기 수록된 서한들은 개인적 안부를 묻는 내용에서부터 공적인 성격을 띤 것까지 많은 역사적 사실을 전해주고 있다. 특히 중국과 러시아에서 온 서한은 1910년대 애국지사들과 한인들이 망국민의 설움을 안고 독립운동기지를 개척하기 위하여 얼마나 피눈물 나는 노력을 했는가의 실상을 생생하게 전달해 준다.

서한의 발신인 대부분은 신민회 회원과 국외 망명지사들이며, 1911년부터 1913년까지로 집중되었다. 1910년대의 서한들은 빈 공간으로 남겨진 역사 사실을 채워주어 사료적인 면에서 큰 가치를 갖고 있다. 뿐만 아니라 애국지사들이 처했던 상황과 그들이 품었던 정신과 정서 등을 피력해 주어 당대 애국지사들의 지성사(知性史)를 엿보게 해준다.

아무런 기반 없이 국외로 흩어져 독립운동의 기틀을 마련하고자 노심초사했던 인사들은 해당 지역 당국의 정치적 입장에 민감히 대응하면서 외교 활동을 전개해 나갔다. 그리고 통신, 교통 등이 원활치 못한 악조건 속에서도 각지에 분산된 애국지사들끼리 연락하면서 서로의 사정을 알렸다. 서한을 보낸 인사들의 대부분은 공히 어떻게 하면 재정적 기반을 만들 수 있을까였다.

당시 독립 운동의 조건은 거의 무에 가까웠다. 그럼에도 서한 곳곳에 스며있는 애국지사들의 구구절절한 애국애족의 충심은 우리에게 감동을 준다. 이들 서한에서 거론된 이름이 알려지지 않은 많은 우국지사들도 나라와 민족을 위해 헌신했음을 기억해야 할 것이다.

1920년대 서한은 안창호가 미국에 가 있을 때, 상해의 인사들이 보낸 것이다. 안창호는 1920년대 대부분을 상해 및 남경 등 중국에서 보낸 것이다.

안창호가 1932년 일제에 체포당해 국내로 올 때 중국에서 받은 서한은 가지고 오지 못했던 것 같다.

1903년의 양주삼(梁柱三)의 서한이 가장 빠른 것으로 보이며 안창호 부부의 안부를 듣고 이혜련에게 여성교육의 선도를 당부한 내용이다. 1910년 일본이 한국을 강제로 늑탈하고 민족운동을 탄압하자 많은 애국지사들은 국내에서 더 이상 구국운동이 어렵다는 사실을 깨닫고 안창호를 비롯한 이상철, 김규직, 이동녕, 김동삼, 이희영, 이시영, 이갑, 이상룡, 조성환은 국외에서 독립운동 기지를 건설해 장기적으로 투쟁을 하고자 망명의 길을 택하였다.

최용학

1937. 11. 28, 中國 上海 출생(父:조선군 특무대 마지막 장교 최대현), 1945년 上海 第6國民學校 1학년 中退, 上海인성학교 2학년 중퇴, 서울 협성국민학교 2학년중퇴, 서울 봉래초등학교 4년 중퇴, 서울 東北高等學校, 韓國外國語大學校, 延世大學校 敎育大學院, 마닐라 데라살 그레고리오 아라네타대학교 卒業(敎育學博士), 평택대학교대학원장역임, 현) 韓民會 會長

이런 사연이

도산 안창호 선생

선생은 1902년 25세 때 서양의 신학문을 배워가지고 조선에 와서 나라를 바로 세워야지 하는 생각으로 선교사의 도움으로 미국에 갔다.

San Francisco에 가서 우선 중학교에 들어가 공부하려고 하는데 캘리포니아주 법이 나이 20세 이상은 중학교에 입학이 안 된다고 했다.

그 때 안창호 선생과 같이 간 선교사가 안창호에게 "미국 사람들은 동양 사람들을 보면 얼굴이 동그랗고 살색이 노래서 다 그 얼굴이 그 얼굴 같아서 나이를 잘못 알아봐요. 그러니 면접 볼 때 나이를 물으면 19歲라고 해요……."라고 일러주었다.

學校 에 가서 面接 하는데 다 묻고 나중에 나이를 물었다. 安昌浩 는 "25歲 입니다."라고 했다. 입학이 안 되었다.

선교사가 "안선생, 참 답답하네요, 내가 말한 대로 19세라고 할 것이지, 참, 그렇게 내 말을 못 알아들어요?"라고 아쉬워했다.

그 때 안창호 선생이 한참 침묵하다가 대답하기를

"선교사님, 제가 미국에 와서 미국 신학문을 배워가지고 우리나라 조선에 가서 나라를 바르게 세워보겠다고 왔는데 여기에 와서 첫 걸음부터 거짓말을 할 수가 있습니까?"

헉! 선교사가 부끄러워졌다. 그러자 그 선교사가 학교에 찾아가서 교장을 만나 안창호 선생의 그런 정직성을 말하고 어떻게 입학 좀 시켜 공부하게 길을 열어달라고 사정했다. 그러자 교장이 "예, 한 가지 길이 있습니다."라고 했다.

"우리 법에 20세 이상은 안 된다고 했는데 하지만 그 법에 '외국인도'라는 말은 없습니다."라고 말하고 외국인이라는 예외를 적용하여 입학시켰다. 그렇게 해서 안창호 선생이 공부하면서 보니 먼저 온 조선 사람들이 오렌지 밭 농장에서 노예처럼 학대받으면서 무시당하면서 노동을 하는데 월급을 조금 받으면 술 마시고 마약하고 도박하고 생활이 엉망이었다. 그러니 미국 사람들이 조선 사람들을 야만인처럼 미개인으로 보는 것이었다. 그래서 안창호 선생은 그 조선사람들을 지도할 목적으로 주말에 그 조선사람들이 일하는 농장에서 일을 했다. 아주 성실하게 열심히 일했다.

주인이 보니 안창호는 다른 조선 사람들과 달랐다. 그 농장 주인이 안창호를 좋아하고 맘에 들어서 감독 반장으로 세웠다. 그리고 뭐든지 필요하면 맘 놓고 말하라고 했다. 그래서 안창호 선생이

"돈 2천 달러만 빌려주세요. 최대한 빠른 시일 안에 갚을 게요."라고 하자 주인은 2천 불, 뭐 하려고? 라고 해서 안창호 선생이

"예, 2천불 빌려주시면 건물, 홀 하나 얻어서 우리 조선 사람들 밤에 모아 놓고 인생을 바르게 살자고 정신교육을 시키고 주일에는 예배를 드리겠습니다." 했다.

그러자 주인은 그 자리에서 2천불 수표를 끊어 주면서 언제라도 갚을 수 있을 때 갚으라고 했다.

안창호 선생은 그 돈으로 큰 홀 하나를 얻어가지고 밤마다 조선사람들을 모아놓고 정신교육을 시켰고 애국심을 심어주었다.

조선 사람들이 마음에 감동을 받았다. 하나 둘, 술을 끊고 도박을 끊고 마약을 끊었다. 농장 주인에게 빌린 2천 불을 1년 내에 다 갚았다고 한다.

한 조선사람 아편쟁이, 거의 폐인이 된 아편쟁이를 안창호 선생이 붙들고 계속 가르쳐서 6개월 만에 아편을 완전히 끊게 했다.

그 아편쟁이가 건강해져서 사업을 하는데 사업의 수완이 있어서 2,3년 안에 큰 사업가가 되어 그가 중국 상해 대한민국 임정부에 독립운동 자금을 안창호 선생에게 바쳤다고 한다. 이렇게 해서 안창호 선생이 상해 임시정부 독립운동 자금의 3분의 2를 계속 보내 줬다고 한다.

미 캘리포니아 주 '도산 안창호의 날' 제정

주 상원서 '찬성 39, 반대 0'로 통과

미국인들은 안창호를 '인도 마하트마 간디 같다'고 평했다. 그리고 미국 캘리포니아 주 의회는 매년 11월 9일을 '도산 안창호의 날'로 선포하고 도산 선생이 남긴 정신적 유산을 이어가기로 했다.

2018년 9월1일(현지시간) 캘리포니아 주 로스앤젤레스 주재 한국총영사관에 따르면 캘리포니아주 의회 상·하원 공동으로 추진돼온 '도산 안창호의 날 제정 결의안 (ACR 269)'이 지난달 28일 상원 전체회의에서 찬성 39, 반대 0, 기권 1의 압도적인 지지로 통과됐다. 하원은 지난달 13일 통과됐다.

이로써 도산 안창호 선생의 생일인 11월 9일을 올해부터 '도산 안창호의 날'로 선포하게 된 것이다. 캘리포니아에서 미국 국적이 아닌 외국인의 업적을 기리는 날이 제정된 것은 매우 이례적인 일로 역사적 의미가 큰 것으로 평가된다.

이번 결의안은 캘리포니아주 하원 소속 최석호 의원을 비롯, 샤론 쿼크 실바 의원, 짐 패터슨 의원, 호세 메디나 의원이 공동 발의자로 참여했다.

총영사관 관계자는 "도산 선생은 한인들의 미 이민사에 빼놓을 수 없을 만큼 중요한 역할을 했다"면서 "캘리포니아의 '도산 안창호의 날' 제정을 계기로 도산 선생의 리더십에 대한 역사적 재평가가 이뤄졌으면 좋겠다."고 했다.

앞서 주 하원은 지난달 13일 결의안을 통과시키면서 "안창호 선생은 국내와 해외에서 모두 한국인들에게 가장 중요한 애국지사 중 한 명으로 받아들여지고 있다"면서 "1878년 태어난 그는 한국인들에게 인도의 마하트마 간디와 같은 존재"라고 평했다.

(로스앤젤레스=연합뉴스) 옥철 특파원

칼럼

청교도 신앙을 되돌아본다

강덕영

지난 2020년은 영국의 청교도들이 메이플라워호를 타고 미국에 도착한 지 400주년이 되는 해였다.

그래서 당시 이 배에 탔던 41명의 청교도들이 오늘의 미국을 건국하는 데 얼마나 기여했는지를 이야기해 보려고 한다.

당시 메이플라워호에 탄 청교도들은 배에서 내리기 전 선상에서 메이플라워 서약을 만들었다.

그들은 떠나온 영국이나 국왕과 상관없이 성경의 가르침에 입각해 자체적인 민간 법률과 조례, 헌법과 직책을 만들고 이를 준수할 것을 서약했던 것이다.

청교도 지도자 존 카버와 윌리엄 브래드포드는 이 신대륙에 도착해 먼저 7채의 집을 짓고 정착했지만 첫 해 겨울에만 많은 인원이 영양실조로 죽고 가져온 씨앗으로 심은 농사도 실패했다.

존 카버에 이어 지도자가 된 브래드포드는 궁핍한 가운데서도 음식을 장만해 인디언을 초대해 잔치를 벌이며 하나님께 감사를 드렸고, 이것이 추수감사절의 유래가 되었다. 감사할 수 없는 상황에서도 감사를 드린 것이다.

브래드포드는 33년간 플리머스 주지사로 선출돼 인디언을 보호하고 주민들의 이익을 대변했다. 정작 본인은 아예 급료를 받지 않았다.

그의 투철한 봉사 정신과 희생정신은 미국 보수신앙의 바탕이 되었다.

자신의 이익을 추구하지 않은 청렴함은 후일 미국 정치 지도자들의 자질을 결정하는 중요한 잣대가 되어 지금까지 면면이 이어져 오고 있다.

이러한 청교도 신앙과 정신은 개인의 자유를 중시하며 민주주의와 법치를 존중하는 미국인들의 가치관으로 계속 성장하고 발전했다.

후일 이것은 미국 헌법의 기초로 연결되어 제정된다. 청교도들은 이렇게 성경에 기초한 법을 만들고 성도들이 다스리는 사회를 만들어야 한다고 역설한 것이다.

그리고 하나님을 두려워하는 경건한 사람이 통치자가 되어야 한다고 의견을 모았다.

그래서 교회 회원에게만 정치 참정권을 주기도 했다. 교회 회원이란, 성경적으로 바른 신앙을 고백하며 도덕적으로 흠이 없고, 회심 체험을 한 사람이었다. 이런 정치 제도는 많은 항의와 도전을 받기도 했으나 미국의 헌법과 건국의 기본 정신이 된 것은 부인할 수 없는 역사적 사실이다.

또 청교도들은 교육을 중시해 신학교를 많이 세웠다. 우리가 이른바 명문대, 통칭해 아이비리그라고 부르는, 하버드대학, 예일대학, 프린스턴대학, 다트머스대학 등이 모두 청교도들이 신학교로 먼저 세워 명문대로 발전한 대학들이다.

이처럼 청교도들은 현대사에서 하나님 말씀에 기초한 가장 빛나는 국가를 세웠다. 또 법이 지배하는 사회를 확립했다. 재산이나 계급이 높은 사람들이 군림하던 왕정시대를 마감시키고 법이 그 우위에 서서 사회를 지배하는 데 공헌한 것이다.

결국 청교도 신앙이 미국 헌법의 기초가 된 것인데 우리 대한민국의 헌법도 이승만 초대 대통령이 미국의 이 헌법을 기초해 제정한 것은 아주 의미심장한 일로 우리가 반드시 기억하고 넘어가야 할 부분이다.

이것은 대한민국 헌법사에 아주 중요한 일이고 아울러 애국가에 '하나님이 보우하사'란 가사가 들어간 것도 그 의미가 남다르게 크다고 할 것이다.

오늘 한국 교회는 물론 모든 사람들이 청교도 신앙의 역사를 되짚어 보며 그분들의 놀라운 믿음과 헌신, 봉사의 자세를 배울 수 있어야 할 것이다.

강덕영

「한국크리스천문학」 등단,
한국외국어대 및 경희대 대학원 졸업
저서 『그럼에도 불구하고 할 수 있다』 외 다수,
대한신학대학원대학교 이사장 역임,
현) 한국유나이티드제약 사장

역사는 시간의 흐름이 아닌 힘의 흐름

최민호

오랜만에 '월요이야기'를 다시 시작합니다.

작년 12월 탄핵정국으로 중단했던 월요이야기를 재개하려다 보니 어느새 해를 넘기게 되었군요. 감회가 새롭고도 깊어집니다.

지난 4월 12일부터 19일까지 일본과 베트남을 출장으로 다녀왔습니다. 오오사카 만국박람회 한국관 개막식에 참여하는 일정을 필두로 쿄오토오(京都), 오오사카(大阪), 나라현(奈良)을 거쳐 베트남의 하노이시(市)를 방문했습니다.

이들 도시의 특징은 한때 그 나라의 수도(首都)였거나 수도의 역할을 했거나 현재 수도라는 점입니다. 행정수도가 될 우리 세종시의 미래 도시비전을 설명하거나 공유하는 뜻 깊은 자리였습니다.

오오사카에서는 한글문화도시로서의 세종시의 모습을 소개하면서 한국어가 얼마나 세계적인 붐을 일으키고 있는지, 그것이 얼마나 민족 자부심을 높이고 있는지, 함께 했던 재일 동포들과 부풀어 오는 가슴으로 뿌

듯해 했습니다.

그들과 간담회를 가지면서 불현듯 30여 년 전 동경대학 유학시절이 주마등처럼 떠올랐습니다. 그 당시 저는 지방자치 실시를 눈앞에 두고 지방자치법을 연구하러 일본으로 유학을 간 내무부 최초의 국비 유학생이었습니다.

항일민족 정신에 불타던 젊기만 한 시절, 일본이라는 나라는 사갈처럼 싫어했지만 우리와 가장 행정문화와 유사한 지방자치의 선진국 일본에서 지방자치를 배우는 일은 가장 가성비 높은 효과적인 길이라 생각해서 나라를 위해 몸을 던진다는 심정으로 유학을 떠났습니다.

'비록 배우러 가지만 굴복한다는 것이 아니다'라는 내 각오의 상징으로 이를 악물고 가방 속에 태극기를 넣어 들고, 광복절 8월 15일에 일본에 도착하는 일정으로 출국 계획을 세웠습니다. 안타깝게도 비행기 편 사정으로 날짜는 정확하게 못 맞추었습니다만 광복절 며칠 전 동경의 나리타공항에 도착했습니다.

비행기 안에서 몇 가지 결심을 가슴에 새겼습니다.

첫째, 말은 배우되 노래는 절대 배우지 않겠다. 어쩐지 일본 노래를 좋아하면 영혼을 팔 것 같은 기분이

들었기 때문입니다.

둘째, 학위논문에는 절대로 '한일 비교 운운'하는 식으로 단 한 줄도 한국의 정보를 주지 않겠다. 나는 정부 공무원이다. 배우러 온 만큼 철저히 일본제도에 대해 논문을 쓰자.

셋째, 가난한 한국 경제에 일본 땅에서 단 한 푼의 한국 돈도 쓰지 않겠다.

일본 생활의 시작은 순탄하지 않았습니다. '한국인은 싫다'라는 이유로 집을 구하지 못해 발을 동동 구르고, 가족의 초청에도 보증인이 필요하던 때, 보증 서 줄 사람이 없어 애를 태우던 나를 도와준 분들은 재일동포들이었습니다.

동경의 민단 사무국장께서 생면부지의 나를 한국 공무원임을 보고 보증을 서 주셨고, 알지 못하는 한 재일동포 어르신께서 자신이 소유한 집을 저에게 빌려주어서 겨우 정착할 수 있었습니다. 집을 내어주시던 그 어르신께서 저를 바라보며 조용히 충고하셨습니다.

"아침에 김치 먹고 왔지요? 일본 사람들은 그 냄새에 구역질이 난다고 해요. 그러니 김치를 먹었으면 우유나 껌을 씹고 나가세요."

충격적이었지만, 한신의 과하지욕(跨下之辱)치욕적이지만

훗날을 도모하며 참는 것의 고사를 생각하며 그날부터 아침 김치를 끊었습니다. 그리고 조용히 아파트 현관문 위에 태극기를 걸었습니다. 당시 일본 사회에서 한국인을 향한 편견과 차별이 심했습니다.

학교에서 재일 한국인들의 비참하고 비열한 처지에 대해 발표하는 일본인 학생에게 울분을 참지 못해,

"단 한 가지만이라도 좋다. 한일 관계 5천년 역사 속에 우리 한국이 일본에 해를 끼친 일이 있다면 말해다오. 여기서 사과하겠다. 한국은 역사적으로 일본에 수없이 많은 도움을 주었다. 한자를 가르쳐주었고, 유교를 가르치고, 도자기를 가르치고, 심지어 6.25한국전쟁은 일본의 전후 경제개발에 혁혁한 공헌을 하였다. 일본의 문화와 경제 발전은 한국의 도움 없이 생각하기 어렵다. 그러나 일본이 한국에 되갚은 것은 늘 침략이었고 수탈이었다. 그러면서 감사는커녕 사과조차 하지 않는다. 여기서 요구한다. 재일 한국인을 동정하지 말라. 대신 사과해 달라."

라고 하면서 눈물을 참을 수 없었습니다. 세미나가 끝나고 우르르 나를 따라 나서던 일본인 학생들…….

1990년대 초반만 해도 일본은 한국보다 경제적으로 훨씬 앞선 나라였고, '한때 자신들이 지배했던 민족'이

라는 인식과 결합하여 한국인에 대한 차별적 분위기가 고조되어 있었습니다. 당시 총무처 생활비는 매달 21만 엔으로 유학생 1인 기준이라 4인가족의 월세와 생활비를 감당하기엔 턱없이 부족했습니다.

가족의 생활비는 국내 봉급이 따로 나왔지만, '한국 돈을 한 푼도 쓰지 않겠다'는 다짐을 지켜, 아내가 공장에서 아르바이트를 하며 생활비를 지탱해 주었습니다.

졸업논문도 일본의 '광역연합'에 대해 썼습니다. 당시 한국에는 있지도 않은 제도였지만, 일본에는 이슈가 되던 주제였습니다. 그것이 30년이 지난 지금 충청 '광역연합'이라는 이름으로 한국에서 부활될 줄을 누가 알았겠습니까.

또 한 가지 일본 노래를 부르지 않겠다는 다짐을 지켜야 했던 일이었습니다. 당시 일본에서 열렸던 한국 내무부와 일본 자치성 간 한일 내정관계자 교류회의에서 일본 측에서 식사를 겸한 환영의 자리가 마련되었고, 일본 측은 각자가 정성껏 한국 노래를 준비해 불렀습니다. 한국 측도 일본 노래를 불러야 할 분위기였지만 아무도 준비가 안된 상태라 당시 차관님이 나를 긴히 돌아보며,

"우리 측에서는 아무도 일본 노래를 아는 사람이 없

을 터이니 최사무관이 대표로 일본노래 최신 유행곡으로 불러 봐."하시는 것이었습니다. 당황하여 등골에서 땀이 흘렀습니다.

'영혼을 팔기 싫어서 일본 노래를 배우지 않았습니다.' 운운하는 말은 이 좋은 친선 자리에서 속 좁고 개념 없기만 한 말로 들릴 분위기였지만 나는 끝내 일본 노래를 부르지 않았습니다.

대신, 당시 최고의 한국의 유행곡 조용필의 '서울 서울 서울'을 일본어 자막을 보며 일본어로 불렀습니다.

일본 노래는 부르지 않겠다는 제 결심을 지키면서도, 상대에 대해 예의를 지켰다는 것이 지금 생각해도 웃음이 지어지는 묘수였다고 생각합니다. 일본 출장 중, 여러 가지 상념이 주마등처럼 지나가던 차에 반가운 인연과 선이 닿았습니다.

당시 내 보증을 서주었던 민단 사무국장님과 무려 30년 만에 연락이 되었고 그분의 자녀 이야기를 전해 들을 수 있었습니다.

일본에서 나고 자란 재일동포 2세로 내 딸과 같은 또래였지만, 한국말을 한 마디도 못해서 내가 왜 한국말을 가르쳐주지 않았느냐고 그 아빠에게 말했더니 아빠는 그저 빙글빙글 웃기만 하던 기억이 나던 딸이었습니다.

한국어를 배우려 하지 않았던 그 딸이 이제는 한국어를 배우러 유학을 와서 이제는 한국 사회에서 한국인으로 당당히 자리를 잡고 서울에서 살아간다는 이야기였습니다. 그 변화가 참으로 감동적이었습니다.

저는 이번에 동경에 있는 일본인 친구들에게 김치를 선물했습니다. 기뻐하던 그들의 모습. 이제는 우리가 국적을 숨기지 않아도 되는 시대, 한국인이라는 사실을 자랑스러워하는 시대가 되었다는 걸 실감했습니다.

BTS와 K-POP, K-푸드, 그리고 한국어를 세계가 사랑하는 지금, 국격이 높아졌다는 것을 해외의 한국인들에게서 가장 먼저 체감하게 됩니다.

일본을 떠나 베트남으로 향하는 비행기 안에서 곰곰 생각했습니다. 빙긋이 웃음이 지어졌습니다.

시대는 늘 변합니다. 이제는 그 시절도 아니고 그때 그 사람들도 아닙니다. 사람도 시대도 많이, 예측할 수 없을 정도로 어마어마하게 변했습니다. 변하기 전과 변한 후의 우리의 모습 또한 변해야 합니다. 저는 그들에게 너그러워졌고, 부드러워졌으며 또한 아름다워졌습니다. 왜냐하면, 역사는 시간의 변화가 아니고 힘의 변화이기 때문입니다.

"역사는 시간의 흐름이 아니고 힘의 흐름입니다."

일본에서의 마지막 밤이 생각났습니다. 오오사카에서 저는 한국어를 말하고 싶어 하는 그들에게 정중한 일본어로 대화를 건네주었고, 실로 처음으로 노래방에 가자고 권유하여 그들이 부르는 일본 노래를 박수를 치며 들어주었고, 나에게 노래를 청하기에 '서울 서울 서울'을 일본어 버전으로 불렀습니다. 그리고 내가 일본 노래를 못 불러 미안하다고 했습니다.

비행기 안에서 30년 전의 저의 모습과 지금의 저의 모습을 떠올리며 방긋이 웃었습니다.

최민호

「한국크리스천문학」 등단,
국무총리 비서실장, 행정중심복합도시 건설청장,
행자부소청심사위원장, 충청남도 행정부지사
홍익대 초빙교수(행정학 박사),
영국 왕립행정연수소 수료, 일본 동경대 대학원 졸업, 미국 조지타운대 객원연구원
현) 제4대 세종특별자치시 시장

그레이트 포엠

축제의 노래

박 이 도

시감상 **박종구**

호롱불 내어 걸고
성탄 축하송을 맞이하던
그 새벽
어둠의 깊이를 재듯
내 마음을 적시는
눈이 내리고

뜬눈으로 기다린
천사들이 모여와
내 뜨락에 서서
노래 부른다

발자국 소리도 기침 소리도
어둠 속에 묻히고
오직, 성탄의 기쁨
축제의 노래가
하늘에서 내린다
내 마음을 적시는……

박이도(朴利道) 시인의 크리스마스는 빛이요, 환희요, 축복으로 비롯된다. 절대자의 그것은 은총이요, 구원이요, 영원한 노래다.

이런 그의 아침은 푸른 밤을 밟고 춥고 지루한 질곡을 지나 축제의 노래로 찾아오기에 더욱 감격적이다. 그래서 시인의 아침은 부산하고 그의 나팔은 단조로우면서 투명하다.

가난한 집 / 마구간에 아기 울음 터지니 / 온 세계가 경악하고 경탄하누나 / 귀로 듣고 눈에 보이는 / 이 위대한 탄생의 새벽 / 우리 모두 깨어 영접하리니 / 대문을 열고 영접하리니 / 우리들 집에 드소서 / 우리들 빈 마음에 드소서

시인이 보는 성탄은 소박한 전원 풍경의 수채화 톤만은 아니다. 그의 지평은 시공의 제한을 받지 않는다. 긴 역사를 통찰하는 그의 시적 사유와 심상은 성탄의 원초적 섭리에 맞닿아 있다. 그리고 그것은 오늘 그의 실존에서 승화시키고 있다. '사설 X-MAS'는 서울의 으스스한 빌딩 숲에서 떠나가는 성탄의 주인공을 바라보고 있다.

서울 장안 / 어느 처마 밑에 여장을 풀 것인가? / 예수님은 말구유에서 천사들의 영접을 받았건만 / 누가 이 남루한 이방인을 맞아 줄 것인가? // 오 베들레헴의 그날 밤 / 춥고 추운 겨울 밤 / 서울의 으스스한 빌딩을 / 징검다리 건너듯 / 떠나가는 김삿갓.

시인은 크리스마스를 어둠에서 맞는다. 첫번 크리스마스가 밤이 있듯이 시인의 오늘 역시 짙은 어둠 속에서 성탄을 맞는다. 빈방이 없는 밤, 잿빛 광야의 밤, 아픔과 연민의 사슬에 매어 있는 밤에 시인은 잠 못 이루고 성탄을 맞는다.

아기 예수를 빛의 사자로, 태초부터 존재했던 참 빛으로 노래한다. 그것은 시인의 신학적 통찰이요, 신앙적 고백이다. 곧 진리의 빛, 생명의 빛, 구원의 빛, 영원한 빛으로 우리를 초대한다.

아무도 맞아 주지 않는
저기 어둠 속으로 오신
빛의 使者여

잠든 마을에
홀연히 오신 뜻은
우리들의 구원이로다
영원한 감격이로다

박종구

경향신문 동화 「현대시학」 시 등단,
시집 「그는」 외,
칼럼 「우리는 무엇을 보는가」 외
한국기독교문화예술대상, 한국목양문학대상,
월간목회 발행인

모던 포엠

天山의 하늘
— 구채구(九寨溝) 상공에서

이장우

성난 바위산
힘찬 대가리 불끈 세워
구름바다를 꿰뚫었다

얼음바다 깨어지는 소리
비취빛 호수 숨 고르는 소리
하얀 구름꽃
곤륜산(崑崙山) 날개처럼 펄럭인다

온 바다와 산들이 다
공중에 매달려 있다.

이장우

「자유문학」으로 등단
(전) '한국문인협회' 이사
(현) '한국현대시인협회'/한국크리스천문학가협회
한국장로문학회 자유문학회/푸른초장문학회/
재경합천문인회회장
시집: 『까치아침을 기다리며』, 『하얀 서릿길』
(수상) 한국장로문학상

마지막 잎새

정경혜

어두움은 깊어지는데
떠난다는 전갈을 보내왔네

갈 길이 멀어 인사할 겨를 없다며
이생에서 한마당 놀다 간다네
추억 한 아름 남기고 간다네

속절없이 던지고 간
편지 한 쪽.

정경혜

「문예사조」 등단
한국문인협회 회원, 한국현대시인협회 회원
한국크리스천문학가협회 회원, 푸른초장문학회 회원
재경합천문학회 회원
시집 : 『나목』, 『정지된 시간을 깨우는 바람』, 『이
 슬처럼 풀꽃처럼』, 『엄마의 계절』
한국크리스천문학상 수상

올 유월은

노곡 **조성국**

해 보내고 찌든 머리 창포물로 감습니다
허위단심 오른 고지 가시덤불 능선에서
미지의 해 따 먹으려 손도장을 찍습니다

웃음 반 울음 반을 저마다 걸머진 날
증오하다 깨진 코 서로 잡고 위로할 때
새 소망 물고 오른 고은 해 우리 반겨 맞으리

* 나라가 평안해야 백성이 마음 놓고 살 수 있다. 고지에서 싸움판이 벌어질까 봐 마음 조여지기 때문이다. 시비를 가리는 법의 기둥마저 쓰러진 것 같아 더욱 슬퍼진다. 우리는 증오로 물든 세상을 살아 봤기 때문이기도 하다. 절대로 슬픈 행진곡이 되어서는 우리의 미래는 없다.

조성국

* 「시조생활로 등단, 저서 「쓰러진 풀 읽어보기2」, 「아리랑 영가」, 「추억이 머문 자리」, 한국문인협회, 한국시조시인협회, 한국문협 관악문인협회 회장 역임, 수상 : 오늘의 좋은 작품집상, 단테문학상, 서울시문학상

울릉도 鬱陵島

박영교

그대 사랑을 모르거든
가슴을 앓아 보아라

그대 눈물을 모르거든
외롬을 앓아 보아라

진실로 그리움 모르거든
절도(絶島) 멀리 앉아 아보아라

박영교

「현대시학」 등단,
시집 : 『가을 우화』, 『징』, 『창』, 『겨울 허수아비』 외 다수
한국문인협회 이사, 한국시조시인협회수석부이사장,
경북문협회 회장
경상북도문학상, 한국시조시학상,

소백산 솔향기

김복희

은은한 풍경소리
솔향기 묻어난다

둥글고 모난 돌
억만 년 인고의 침묵

소백산
샛바람 불면
묻어나는 푸른 향기.

복희

「문학세계」 수필 등단
수필집 『장밋빛 인생』
시　집 『섬돌을 밟고 서면』
시조집 『사랑하며 살아가며』
한국문인협회, 한국수필문학회, 영주문인협회 수필분과위원장, 한국크리스천문학상
현) 소백코리아 대표

춤추며 가는 길

전형진

아내가
침실을 나와
거실을 지나
주방으로 간다

마치 뒷모습은
춤추는 것 같기도 하고
외줄 타는 사람 같기도 하다

양팔을 들고 중심을 잡는
그 모습

7년 동안
중풍하고 동무 하면서
줄곧 뒷산 산책길
걷기 운동 열심히 하는 중이다

하늘 길도
저렇게 춤추며 가야지.

왕양용 평론가의 시평

전형진 시인의 '춤추며 가는 길'은 제목 자체에서 다소 역설적인 효과를 가지고 있으며 그러함으로 인하여 전 시인의 아내 사랑을 실감할 수 있는 시이다. 이 시는 시적 비유나 상징은 등장하지 않으나 7년 동안 중풍으로 투병한 아내의 비정상적으로 걷는 모습을 '춤추며 가는 길'이라는 역설적인 표현으로 미화하고 있다. 이렇게 표현한 것은 아내를 지극히 사랑함에서 나온 표현이다. (이하생략)

전형진

「한국크리스천문학」 등단
한국크리스천문학가협회 회원, 한국문인협회 회원, 문학박사. 인천대학교 인문대학장
시집 : 『가을나무』, 『The Top Is Spinning』, 『그대 이름은』
새문안교회명예장로
인천대학교 명예교수

양왕용

「시문학」(김춘수 시인 추천)으로 등단
부산대 사범대 국어교육과 교수 역임, 한국크리스천문학가협회 회장 역임, 한국문인협회 부이사장 역임
시문학상 본상, 부산시 문화상(문학부문), 한국 크리스천문학상(시부문) 한국장로문학상(시부문)등 수상
* 시집 : 『로마로 가는 길에 금정산을 만나다』외 5권
* 연구논저 : 『한국현대시와 기독교 세계관』외 5권
* 현) 부산대 명예교수

|| 서경범 연작시 ② ||

인강 흐르다 (2)

인강은 흐르고 인터넷 허공에 뭉게구름이 선사하는
합성어 맥분은 자맥질하여 묶어버린 발자국을 털고
쳇바퀴 돌아 떨어지는 다람쥐 밤톨을 줍는다.

문장이 찢어지는 컴퓨터는 만년설을 가두고
문서가 날아간 프로그램 발자국 이미지가
사실을 대조한 위조가 종신형 인강으로 흘러나간다.

아이 비명 종말 깔린 죽음 소리,
거둬줄 수 없는 시간이 역으로 참 빛을 찾아
아이보다 어두운 조상 땅 밑을 살피며
짓이겨진 세월 더께 물밀듯 악연을 끊는다.

예수 십자가 매달려 연명한 인류에게
가르침은 한없는 강물처럼 피 흐르는
눈물을 거둘 길 없는 아이 눈망울
뼈마디 가시를 타고 찌른다.

자연은 푸르게 약속한 예수님 눈망울이 머물다가
기온 차이 섭정이 오가는 길목에서 삐끗
발목이 결리고
딛는 돌멩이 나동그라지듯 인생이 스러져가는
날씨 변화,
우주 공리 빛들이 자성으로 끈질기게 당기고 미는
약속의 분신 격전이다.

허물어진 담 모퉁이 기워 세울 인강
하늘 끝에서 흘러내리고 산모롱이 빛들이 뿜어낸
모세혈관 미미한 물길이 갈증을 채울 길 없이
텅 빈 주머니 오그라진 심장이 강물 따라 갸웃댄다.

정서는 먼지 날리며 눈을 감고 날아다니는
새 깃의 흰 빛 줄기,
땅바닥 물가에 서성이는 피라미 날 샌 동작이
인간보다 나은 자연 위대함에 하염없이 쏟는

빗줄기 겨냥하여 빗댄다.

인강이 흐르는 빗줄기 속에서 빗나간
알갱이 맛보지 못한 채 떠내려가는 한정수 인간은
한계에 도달한 쇠토막 정거장 딱딱한 쇠붙이 미래다.

오가는 삼시 세 끼 전차가 머리꼬리 구분 없이
대한민국 일과, 태양 달 시각 초침으로 달려서
별 부처가 몸통 둘 곳 없어
기상나팔 일석점호
때 낀 발가락을 누여서 편다.

서경범

독립기념관 백일장 '수필' 등단
시집 「안성 맑은 물」,「미리내」,
박두진 문학관 「우리들의 시간」, 문방시회 동인지,
안성문인협회 문학지
한경대 문예대 1,2기 수료
현) 신한카드사 설계사

명사 포커스

민초해외동포문학상과
카나다 이유식 시인의 활약

조성국

이유식 고문은 미화 200불을 들고 이방나라 카나다 땅에 정착 후 수많은 역경을 물리치고 우리글과 우리말을 후세들에 남기려고 온갖 역경을 물리치고 긴 세월을 민족의 정체성(Identity)을 지속 고양코자 심혈을 기울여 온 의지의 애국자이다.

이유식 고문은 한국인으로 카나다에 거주하며 해마다 해외동포문학인만을 상대로 우수한 작가를 엄선하여 민초해외동포문학상(상금 500만원)을 시상해 오고 있다.

매년 시행하는 시상은 금년으로 18회째로 2025년 민초해외동포문학상 수상자로는 영국에 거주하는 荷然 임선화 시인이 선정되었다.

* 수상 작 2편

荷然 임선화

1.
꿈 하나 내려놓고 사랑 하나 내려놓고
별 하나 바라보다 추억마저 내려놓고
숨 한번 크게 쉬고서 신발 끈을 조입니다

2.
사랑이 피어나는 따스한 순간에도
비명이 찢어지는 그 절망의 순간에도
흩어질 한 잎의 낙엽, 百尺竿頭 앞에서도

심사평

앞의 내려놓고는 춥거나 덥거나 있거나 없거나 밉거나 좋거나 헤어지지 않으면 안 될 그 절박한 상황에도 어버이는 늘 함께 있는 것을, 내가 오늘 이리 된 것도 모두 다 임의 그늘인 것을 말해 주고 있다. 기독교의 십계명 중 5계명에서도, 유교의 효행 편에서도, 불가의 보모은공 편에서도 다 같이 어버이의 은공을 잊지 말라고 말하고 있으며 사람으로서 반드시 지켜가라 경종을 울리는 시조시라고 본다.

다음 편에 '비명이 찢어지는 절망의 순간에도 임은 함께 계시다.'고 하는 시구가 일품이다. 그의 외침은 재래의 풍속을 일신할 오늘 21세기를 살아가는 우리가 모두 다시 주목해야 할 낭보라고 생각되며 하연 시인이 겪은 6.25전쟁과 못다 한 어버이를 괴는 사랑과 두고 온 고향을 그리는 망향의 그리움으로 얼룩진 노래다. 하연 시인이 해외동포 문학상 수상자 영예의 심사 대상에 오르게 된 것을 심사위원 일동은 축하하며 청청한 앞날을 시조 부흥 운동과 잊혀져가는 효 사상에 더욱 전념해 주시길 당부 드리며 열 번이고 백번이고 축하 박수를 보낸다.

  심사위원
  - 심사위원장 : 조성국 시인(세계전통시인협회 한국본부 고문)
  - 심사위원 : 채헌병 시인(한국시조 협회명예회장)
  - 심사위원 : 김귀례 시인(한국 세계전통시조 시인)

  곁들여 말하고 싶은 것은 이국 만리 떨어져 살아도 부모님을 공경하듯 재외동포 어르신들을 해마다 찾아 소연을 베풀어 드리고 고적한 외로움을 달래드린다는 이야기가 바람을 타고 이곳까지 들려오고 있으며 또 荷然 시인이 그곳에서 효 백일장을 연 것은 어버이를 잘 괴라는 뜻으로 깨우침의 종소리 같아 감사의 손을 모은다.

스마트 소설

이상한 주부클럽

이건숙

한 주일에 한 번씩 목요일 점심시간에 다섯 명의 여자들이 동네의 한적한 한식집에 모인다. 시계처럼 어김없이 모이는 관계로 음식점에서도 이날, 이 시간에 구석방 하나를 늘 예약석으로 잡아내주었다.

이들은 아들이나 딸을 하나씩 슬하에 두고 있고 모두 초등학교 3학년에 재학 중이라는 공통점을 지니고 있다. 게다가 어려서 주일학교에서 만난 친구들이다. 자식을 하나 낳아 기르는 것은 한 세대 전에만 해도 문제아로 간주하여 교사들이 케이스 스터디로 삼았을 정도였다. 자식이 하나라는 것은 사회성이 없고 응석받이로 자라나서 학교에 와서는 연구대상이 되었다.

그러나 이제는 모두 하나씩만 낳아 기르니 학교마다 문제아들을 교실 가득 채우고 있는 셈이다. 그럼 이들 다섯 명의 주부들은 자녀교육의 문제점을 해소하기 위하여 모이는 것인가? 절대 아니다. 이들은 시부모 공격하기 클럽으로 어떻게 하면 시부모의 화를 돋워 보기 좋게 승리를 거둘 수 있는가 하는 공동의 목표를 지니고 모이는 것이다.

"제일 빠른 방법은 아예 시부모를 싹 무시하고 만나 주지를 않는 것이다. 나는 작년부터 이 방법을 쓰고 있단다."

"그럼 남편이 야단하지 않니? 나도 그 방법을 쓰다가 아주 호되게 당했는데 괜찮아."

"내가 개새끼냐. 목을 매어서 끌고 갈 것도 아니고 그냥 싹 무시하면 된다고."

"넌 친정이 가난해서 신랑 반지도 못해서 시어머니가 네 대신 샀고 심지어 결혼식에 시어머니 한복도 해주지 못했으면서 왜 그러냐?"

"그러니까 내 결혼을 반대해서 결혼에 골인하느라고 얼마나 내가 마음이 상했는지 아니."

"그래도 그런 시어머니가 어디 있니. 시어머니에게 선물도 하나 사주지 못했으면 그래도 만나는 줘야 하는 것 아니냐."

"난 결혼식 끝나면서 시댁 식구를 아예 무시하고 만나지 않고 그 집의 금쪽같은 아들만 데리고 나오겠다고 결심했다. 그렇게 일생을 두고 복수하기로 한 거야. 그래야 나를 거부했던 시부모에게 분풀이가 되는 것이 아니겠니."

"네 말이 맞다. 나도 벌써 5년째 시부모를 보지 않고 있다. 자기 아들만 최고야. 나도 우리 집에서 최고로 대접받고 자랐는데 시집 오니 마치 나를 하녀처럼 보더라. 그래서 발을 딱 끊었지. 그래서 여기 나오는 거야. 너희들도 나처럼 그래 봐라. 아주 속이 시원하고 어깨가 가볍고 골이 뻥 뚫리는 기분이 든다."

"그래 그 방법이 최고다. 지금 시대가 어느 때냐. 호랑이 담배 먹던 시절의 고부 관계는 이제 끝이 났다. 만나고 싶은 사람만 만나도 힘든 시대가 아니냐. 자식 낳아 길러서 독립해 내보냈으면 그것으로 끝난 것이 아니냐. 성경에서도 남자가 부모를 떠나 여자와 연합하여 한 몸을 이룬다고 했으니 말이다. 부모를 떠난다고 분명히 성경은 말하고 있다."

"그래 맞는 말이다. 우린 여성 상위 시대의 선각자들이다."

해서 저들 다섯 명은 시댁 거부운동을 이런 식으로 진행하기로 결정했고 목요일마다 만나서 그간 일어났던 일을 서로 보고하고 보충하여 지혜를 얻기도 했다. 정기적으로 이런 모임에 참여하여 마음을 같이하고 위로도 받고 용기도 얻어서 서로 큰 버팀목이 되었다.

모두들 미국처럼 장례식에나 참석하여 죽은 이의 얼

굴만 보면 그 의무를 다하는 시대가 되었다고 확신했다. 그런데 참으로 이상한 일은 헤어져서 집으로 돌아가면서 각자 말은 하지 않지만, 속이 꺼림칙하고 찜찜하다는 점이다.

'부모를 공경하는 것이 이 땅에서 잘되고 장수한다'고 배운 주일학교 선생의 가르침이 가슴 중심에서 은밀하게 반란을 일으키기 때문이다.

이건숙

한국일보 신춘문예 당선,
서울대학교독어과 졸업, 미국 빌라노바 대학원 도서관학 석사,
단편집:『팔월병』외 7권, 장편 『사람의 딸』외 9권, 들소리문학상, 창조문예 문학상,
현):크리스천문학나무(계간 문예지) 주간

이상한 해후

신외숙

　버스가 구곡을 지나 초록빛 강물이 보이는 도로를 지나고 있었다.

　산모롱이에 피어나는 비안개가 늦가을 정취를 한층 돋우고 창가에 한 폭의 풍경화를 담아내고 있었다. 버스가 초소를 지나 xx읍에 멈춰 섰다. 그때 이마가 정수리까지 벗겨지고 만삭처럼 배가 부른 남자가 씨근덕거리며 버스에 올랐다.

　그 뒤를 따라 줄무늬 티셔츠에 짧은 팬츠를 입은 20대 초반의 여자도 올라왔다. 그들은 바로 내 앞자리에 앉더니 이내 잠이 들기 시작했다. 먼저 대머리가 여자의 두 손을 꼭 잡은 채 머리를 여자의 어깨 위에 실었다.

　대머리는 아무리 적게 봐도 50대 후반으로 보였고 여자는 앳된 얼굴로 40킬로그램도 안 나가 보이는 가녀린 몸매에 흰 피부를 하고 있었다. 시골에서는 보기 드문 미인이었다. 참으로 안 어울리는 한 쌍이었다. 도대체 무슨 짓들을 하고 왔길래 타자마자 잠이 든 것일까. 저 늑대 같은 남자가 나이 어린 여자에게 얼마나 심하게 굴었으면……

　난 생각이 엉뚱한 곳으로 비화하면서 여자에게 동정과 연민의 시선을 보내고 있었다. 난 이미 그들의 관계를 불륜으로 규정짓고는 거기에다 갖가지 상상과 억측을 부풀리기 시작했다.

　그리고 그들의 행동을 예의주시 하면서 남자를 파렴치범으로 몰아갔다. 30분쯤 지났을까. 남자가 기진한 듯 늘어진 자세로 머리를 창가에 갖다댔다. 몹시 고단한 모양이었다. 육중하다 못해 비만한 체격으로 간밤에 무리를 했던 모양이다. 다 늙어빠진 주제에 제 자식 뻘밖에 안 된 여자와 놀아나다니…

　나는 그에게 간음죄에다 괘씸죄까지 덧붙여 씌우고는 사내에게 분노의 시선을 쏟아 부었다. 그때였다. 여자의 몸이 오른쪽으로 기우는 듯하더니 아예 사내의 무릎 위에 누워버린 것이다. 여자는 이제 아주 편안한 자세로 누워 마음 놓고 잠을 잤다.

　어이구 저런 뻔뻔한 것들, 부끄러운 줄도 모르고 여기가 무슨 지들 안방인 줄 아나…

　난 여자에게 향했던 동정심을 거두어 이젠 그녀에게도 똑같은 죄목을 추가했다. 하긴 손뼉도 마주쳐야 소리가 나는 법이니까. 잠시 후 사내가 잠이 깬 듯 고개를 들더니 자세를 바로 했다.

 그는 여자의 머리칼을 매만지며 어깨를 가만히 다독였다. 저 저런 놈 좀 봤나. 난 속으로 치밀어 오르는 욕을 간신히 참고는 창 밖을 내다보았다. 여관과 민박집, 각종 유흥시설이 교대로 지나고 있었다. 버스가 정류장에 멈추자 남자가 무릎 위에 누워 있던 여자를 흔들어 깨웠다.

 "어서 일어나, 내려야지"

 여자가 아직도 잠이 덜 깬 표정으로 일어나 가방을 챙겨들었다. 남자의 둔중한 상체가 여자의 뒤를 따라 내리자 난 속에서 알 수 없는 부아가 끓어올랐다.

 여관골목으로 사라지는 그들의 모습이 창가를 스쳐 지나갔다. 난, 속으로 나직이 외쳤다. 아, 불쌍한 여자여 불륜의 죄악에서 속히 벗어나기를…….

 이튿날이었다. 나는 아내와 함께 모처럼 외식을 하기 위해 음식점엘 갔다. 신장개업한 지 얼마 안됐는지 내부의 분위기가 산뜻하고 좋았다.

 "어서 오세요"

 무심히 카운터를 바라보다 말고 난 입을 딱 벌리고 말았다. 어제 중년남자와 함께 버스를 탔던 바로 그 여자가 앉아있었다.

"엄마 손님 오셨어"

안채로 통하는 문이 열리더니 뚱뚱한 몸집의 중년여자가 모습을 나타냈다.

"뭘 해드릴까요?"

'뭐나 마나 딸 단속이나 잘하시오' 이 말이 목구멍까지 치밀고 올라왔지만 난 간신히 참고는 냉면 두 그릇을 시켰다. 그리고 아내에게 가만히 속삭였다.

"여보 어제 내가 이야기했던 그 여자애가 바로 쟤야"

"어머 어쩜 저렇게 참하게 생겼을 수가… 인물이 아깝네요"

"글쎄 그 늙은 놈팽이랑 여관 골목으로 사라지더라니까"

"세상에 저 좋은 인물로 … 미쳤군 미쳤어"

"글세 버스 안에서 그 늙은 놈 무릎을 베고 자더라니까, 부끄러운 줄도 모르고 그것도 벌건 대낮에"

"글세 세상 말세라니까요, 우리 딸도 단단히 교육시켜야 할까 봐요"

"아무래도 그래야 할 것 같아"

그때 주인여자가 주문한 냉면을 가져왔다. 아내는 주인여자에게 뭐라고 말할 기세였다. 내가 옆구리를 쿡 찔렀다. 상관 말고 냉면이나 먹어. 아내가 능청스런 표정으로 말했다.

"따님이신가 보죠, 아주 미인인데요"

"저도 소싯적에는 저애처럼 예뻤답니다. 지금은 볼품없이 변했지만…"

"아주머니도 젊었을 때는 미인이란 소릴 많이 들었을 것 같은데요 뭘."

주인여자가 웃으며 주방 쪽으로 사라지자 아내가 한심하다는 투로 말했다. 이그 딸 단속이나 잘하지 인물만 잘나면 뭘 해, 여자가 행실이 바라야지.

우리 부부는 주인여자를 향해 한없는 연민의 시선을 보냈다. 그때 여자가 구시렁거리며 불평을 늘어놓기 시작했다.

"도대체 이 양반은 한번 배달 나갔다 하면 함흥차사라니까, 또 어디서 술타령하고 있는 것 아녀, 에구 내가 속 터져 죽어"

"엄마 아빠 미워하지마, 어제 나랑 등산 갔다 오느라 얼마나 힘드신 줄 알아, 그리고 요새 살 뺀다고 얼마나 노력 중인데… 엄마는 왜 아빠를 미워하고 그래"

"어이구 그래 효녀 났다 효녀 났어, 저년은 지 엄마 생각은 그저 안중에도 없다니까"

행실은 그래도 꽤 효녀인가 봐요, 아내가 들릴 듯

말 듯 내 귀에 대고 말했다. 탕녀가 효녀로 변하는 순간이었다. 난 갑자기 부러운 생각이 들었다. 내 딸은 어느 정도나 나를 생각할까. 아내와 함께 카운터에서 막 계산을 끝마칠 무렵이었다. 갑자기 칼칼한 주인여자의 음성과 걸걸한 남자 음성이 동시에 들려왔다.

"도대체 어디에 갔다 이제 오는 거야. 배달이 산더미처럼 밀렸는데"

"우리 공주님한테 핀 하나 사주려고 다니다 보니 늦었지, 한번 머리에 꽂아봐라"

소리 나는 쪽을 향해 고개를 돌린 난 그만 입을 다물고 말았다. 딸에게 손을 내미는 남자는 바로 어제 버스 안에서 보았던 파렴치범이었기 때문이다.

여보 어서 가자. 난 도둑질하다 들킨 사람처럼 후다닥 그 집을 뛰쳐나오고 말았다.

신외숙

『한국크리스천문학』 등단, 창작집 『그리고 사랑에 빼앗긴 자유』, 장편소설 『여섯 번째 사랑』, 에세이집 『바람이 불어도 가야 한다』 순수문학상. 엽서 문학상 수상

그놈이 이놈이여?

백혜숙

우리 아파트 진상이 오고 있다. 넥타이 매듭이 반쯤이나 내려와 있고 바지 밖으로 와이셔츠 자락이 삐져나온 걸 보니 또 술을 거나하게 걸친 것 같다. 아니나 다를까 아파트 입구의 경비실을 발로 찬다.

"왜요? 아저씨도 내가 그렇게 한심해 보여요? 그렇죠? 눈빛만 봐도 알 수 있어요!"

"들어가요. 어머니 기다리셔."

"울 엄마가 기다리든 말든 당신이 뭔데 이래라 저래라야? 엉! 아파트 경비원 주제에."

그 녀석은 맨 정신일 때나 술로 반쯤 정신이 나갔을 때나 여전히 아파트 경비인 박 장로를 우습게 본다. 아니 경비원이 자신의 기분 쓰레기통인 듯 막말을 쏟아부음으로 후련함을 얻는 듯하다.

대부분 박 장로는 한 귀로 듣고 한 귀로 흘려버리지만 아파트 화단에 버려져 있는 담배꽁초라도 발견하면 누가 듣든지 안 듣든지 큰소리로 근무 태도가 엉망이라는 둥 트집을 잡을 땐 자존심에 커다란 상처를 받는

다.

 얼마 전 무거운 박스 여러 개를 들고 온 택배 기사에게 엘리베이터 스위치를 눌러 주고 박스를 옮기는 걸 도와주는 걸 그 녀석이 발견하곤 택배 기사가 왜 엘리베이터를 이용하게 하느냐고 따지면서 주민들에게 택배 기사가 엘리베이터를 이용해도 되는지에 대해 투표지를 돌리겠다고 한바탕 소동을 벌인 적도 있다.

 그 진상의 엄마라는 사람도 경비인 박 장로를 대하는 태도가 아들과 별다름이 없다. 박 장로의 인사를 제대로 받아준 적도 없으면서도 인사를 안 하면 왜 인사도 없느냐고 따지다 아파트 인터넷 게시판에 기분이 나쁘다, 불성실하다는 불만에 찬 게시글을 올리곤 한다.

 여보, 무슨 일이 있나요? 왜 그렇게 표정이 어두워요?"

 아니, 별 일 없어요. 그냥 속이 좀 안 좋아요. 괜찮아요."

 "말해 봐요. 내 눈은 못 속여요. 당신 그러다 병나면 어떡하려고 그래요?"

 이런 저런 일들을 항상 속으로 삭히며 아내에겐 아무 일도 없다는 듯 항상 평안한 얼굴로 귀가 했던 박 장로의 표정이 평소답지 않자 아내가 계속 추궁했다. 박 장로는 그동안 있었던 그 진상 모자의 얘기를 들려 줬다.

당장 그만 두라고 펄펄 뛰던 아내를 진정시켰다.

"난 하릴없이 빈둥거리는 게 제일 힘들어요. 당신도 알잖아요. 내가 집에 24시간 당신과 붙어 있으면 우리 서로가 더 힘들 걸 왜 몰라요? 그 녀석 모자만 아니면 그래도 이 일이 내겐 좋아요. 할아버지 안녕하세요? 하고 안기는 어린 아이들과 이제 한 가족 같은 입주민들이 내게 얼마나 소중한데요. 은퇴하고 경비일 하는 사람 은근히 많아요. 그리고 기회 봐서 내가 전도할 사람도 이미 몇 사람 찍어 놓고 기도하고 있다구요."

며칠 후 어머니에게 들었다며 도대체 어떤 녀석인지 보고 싶다고 아들이 퇴근길에 아버지 경비실에 들렀다. 항상 전국으로 또 해외로 출장과 회의가 잦은 바쁜 아들의 방문에 박 장로는 놀랐지만 기쁘고 반가웠다.

아들은 곧 임원으로 승진할 거라며 언제든 아버지가 경비 일을 그만 두시고 어머니와 이곳저곳 여행하시면서 맛있는 것도 사 드시고 스트레스 없이 사셨으면 좋겠다며 박 장로의 어깨를 주물러 줬다. 잠시 후 그 진상이 아파트에 들어왔다.

　박 장로가 턱으로 '바로 저 녀석'이라고 가리키자 아들의 표정이 놀라움과 분노로 굳어지며 자리에서 일어나 천천히 그리고 무겁게 경비실 문을 열고 나갔다. 진상의 얼굴이 당황해서 굳어졌다.

　"어, 어, 부장님 여기 웬일이세요?"

　"그래, 우리 아버지 근무하시는 걸 좀 보러 왔지. 이제 들어오나?"

백혜숙

2011년 「한국크리스천문학」 소설로 등단
크리스천문학나무 편집장 역임
저서 : 『계단을 굴러 온 김치』
현 크리스천문학나무숲 편집장.
기독교대한성결교회 사랑과진리교회 사모, 중보기도자

지친 아버지들을 위한 계몽동화

가면 백일장

손연옥

추위가 다른 곳보다 더 빨리 찾아와 오래 머물다가는 도시가 있었다.

그 도시 사람들은 작년보다 더 사나운 모습으로 찾아온 추위의 비위를 맞추며 하루하루를 보내고 있었다. 그러던 어느 날부터 이상한 소문이 바람을 타고 일주일동안 도시 위를 쏘다니고 있었다.

도시 귀퉁이에 있는 작은 초등학교에서 특별한 백일장이 열린다는 소문이었다. 정확히 일주일 후 그 소문은 거짓이 아님이 밝혀졌다. 초등학교 운동장에는 군데군데 돗자리가 펼쳐져 있었고, 그 위에는 남루한 옷차림의 여러 동물 가면을 쓴 사람들이 앉아있었다.

모두들 백일장의 참가자들이었다. 그들은 진행본부석에서 흘러나오는 방송에 귀를 기울이고 있었다. 주최 측 회장의 인사말과 함께, 심사위원들, 행사를 진행할 총무와 진행위원들소개가 있었다. 더불어 백일장을 도와줄 도우미들 소개도 뒤따랐다.

도우미들은 모두 열 명으로 모두 흰색 채육복차림의 초등학생이었다. 도우미들은 모두 그 학교 도서부원이라고 했다. 도우미들은 안내방송에 따라 일사불란하게 움직였다. 그들은 도장이 찍힌 원고지와 연습장, 그리고 필기구를 참가자들에게 나눠주고 본부석으로 되돌아왔다.

또 다른 안내방송이 이어졌다.

"오늘 백일장에 참가해 주신 여러분께 감사드립니다. 이 시간은 여러분들이 자신과 1:1로 상담하는 시간입니다. 과거든 현재든, 여러분 자신과 허심탄회하게 대화를 나누면서 나눠준 종이에 속내를 마음껏 토해내시기 바랍니다. 참고로 글의 형식이나 맞춤법에 너무 신경을 쓰지 마시고 자유롭게 마음 이끌리는 대로 쓰시면 됩니다. 주어진 시간은 2시간이고, 장소는 운동장 안에서는 자유롭게 오갈 수 있습니다. 다시 한 번 말씀드리지만 이 시간은 오직 여러분 자신을 위한 시간이라는 점만 명심하시길 바랍니다."

백일장의 주제가 발표되었다. '나와 나의 미래!'였다. 백일장이 시작되었다. 대부분 그냥 주어진 자리에 앉아 글을 쓰기 시작했지만 몇몇 참가자들은 돗자리를 들고, 마음을 풀어 놓을 나름의 장소를 찾아가 앉았다.

운동장은 점점 입을 꼭 다물었다. 백일장 참가자들은 모두 가면 뒤에 숨은 채 움직였다. 가면은 참가자들의 인격을 보호하기 위한 주최 측의 배려였다. 서성이던 참가자들의 움직임이 멈추었을 때 진행 담당자는 가을햇살 닮은 음악을 틀어주었다.

백일장 참가자들이 글을 쓰고 있는 동안 진행본부석에서는 작은 소리가 들렸다. 행사관계자들이 나누는 대화였다. 주최 측 회장이 입을 열었다.

"지친 분들, 특히 노숙자들을 위해 백일장을 개최하기는 했지만 자존심이 상한다고 아무도 참가하지 않을 줄 알았는데 생각보다 많은 사람들이 와서 놀랐습니다."

회장 말에 총무라는 사람이 맞장구를 쳤다.

"그건 아마 가면으로 얼굴을 가릴 수 있어서 그런 게 아닐까요?"

또 다른 사람이 회장을 보며 말했다.

"아까 교문에서 가면을 나눠주다 보니 호기심에 온 분들도 있었지만 대부분 자신의 삶에 어떤 전환기를 맞이하고 싶은 각오의 눈빛이 강했습니다. 좀 성급한 제안 같지만, 올해뿐만 아니라 내년 봄에도 시도해 볼만 한 백일장이라고 생각합니다."

회장은 여러 진행위원들의 의견을 들으며 고개를 끄덕거렸다. 한 시간쯤 흘러갔다. 진행위원들의 눈에 비친 백일장 참가자들은 모두가 '생각하는 로댕'이 되어 있었다.

주최 측 회장은 행사진행 위원들에게 무언가를 지시했다. 행사진행 위원들은 독서실 안에서 대기 중이던 초등학생 도우미들을 데리고 나왔다. 회장은 도우미들에게 다정하게 부탁을 했다.

"오늘 도서부원 친구들이 도와줘서 참 고마워요. 이제 두 명씩 한 조가 되어 우유와 빵을 나눠주도록 하세요. 절대로 말을 붙이거나 방해하지 말고요. 잘 할 수 있겠지요?"

회장의 지시를 받은 초등학생 도우미들은 비밀지령을 받은 공작원이라도 된 양 고개를 끄떡였다. 도우미들은 운동장을 향해 구슬처럼 흩어졌다. 그들의 품에 있는 상자에서는 빵과 우유가 높이뛰기를 하고 있었다. 그 모습을 본 총무가 중얼거렸다.

"저러다가 넘어지면 어쩌려고…… 쯔쯔쯧"

총무 말을 들은 회장이 너털웃음을 웃으며 말했다.

"그러니까 애들이지요. 보기 좋은데요. 뭘! 제가 왜 도우미들을 초등학생으로 정했는지 아십니까?"

갑작스런 질문에 총무는 의아한 표정으로 회장을 바라보았다. 회장의 시선은 운동장으로 향한 채 입을 열었다.

"첫째는 참가자들의 자존심을 상하게 하지 않기 위해서이고, 두 번째는 어린 학생들의 눈망울을 보면서 다시 한 번 용기를 내어 자녀가 기다리고 있는 가정으로 돌아가길 바랐기 때문입니다."

말하던 회장은 잠시 말을 멈추고 운동장 쪽으로 손을

흔들었다. 가면을 쓴 사람들의 메아리 동작은 없었지만 회장은 밝은 미소를 보였다. 회장은 또다시 입을 열었다.

"나는 또 저분들에게 '자신은 소중하다!'라는 진리를 가르쳐 주고 싶어서 백일장을 시도한 거예요. 글을 쓰면서 자신의 본질적인 문제가 뭔지 스스로 파악하도록 해주고 싶었어요. 그래야 거기에 따른 처방책이 나올 수 있고, 변화도 하게 되니까요."

총무는 고개를 끄덕거렸다. 주어진 시간이 끝나갈 무렵, 총무는 시간이 다 되었음을 알리는 방송을 내보냈다. 참가자들의 해석할 수 없는 헛기침들이 잠시 이어졌다. 아마도 아직 쓰고 싶은 말이 남아 있는 것처럼 보였다. 또다시 20분이 흘렀다.

총무는 다 쓴 원고를 도우미들에게 제출하라는 방송을 내보냈다. 도우미들은 원고를 모아와 회장에게 건넸다. 회장은 뒤에서 대기하고 있는 심사위원들에게 정중하게 원고를 전달하고는 마이크를 잡았다. 회장은 참가자들을 향해 말했다.

"여러분, 수고하셨습니다. 제가 초청한 심사위원님들이 여러분들의 글을 심사하실 동안 잠시 저의 얘기를 좀 할까 합니다. 수고스럽겠지만 돗자리를 들고 운동장 앞쪽으로 와주시길 부탁합니다. 가면을 벗지 않으셔도 괜찮습니다."

참가자들은 회장의 지시에 잘 따라주었다. 회장은 잠시 고개를 숙이고 침묵했다. 참가자들은 더욱 조용해졌다. 회장이 다시 고개를 들었을 때 총무는 회장의 눈에 눈물이 고여 있음을 보았다.

"회장님, 무슨 사연이라도?"

총무는 작은 소리로 물었다. 회장은 얼른 눈물을 닦아내고 입을 열었다.

"몇 년 전의 제가 바로 여러분입니다. 거듭되는 사업의 실패로 인하여 자신감을 잃어버렸습니다. 가족들이라도 보호한답시고 집을 나오긴 했는데, 그 때부터 내 삶은 더욱더 내리막길이었죠. 모든 게 생각대로 돼야 말이지요. 실패를 거듭할수록 점점 사람들에게 마음이 닫혔습니다. 제게는 더 이상 사람들이 원하는 화려한 포장지가 없었습니다. 그저 그들의 눈에는 '실패자'요 '패배자'일 뿐이었으니까요."

회장의 말을 듣고 있던 참가자들의 가면이 연거푸 끄덕거렸다. 회장은 계속 말을 이어갔다.

"처음엔 내가 힘들 때 나를 붙들어주지 않는 이웃들과 세상을 원망하며 살았습니다. 그 때는 물에 빠져 있는 사람은 혼자서는 절대 나올 수 없다고 생각했습니다. 누가 나를 향해 밧줄을 던져주면 살 수 있을 것 같아서 두리번거렸지만 더 큰 절망에 빠질 뿐이었습니다. 다른 사람들도 다들 삶의 현장에서 허우적거리고 있었으니까요. 그렇게 거리와 전철역, 공원을 헤매다가 생각을 고쳐먹게 되었습니다. 생각해 보니 내가 나를 인정하지 않으면 그 누구도 나를 인정해 주지 않겠다 싶었습니다. 그래서 내일 당장 죽을지언정 오늘의 내 모습은 당당하고 멋있었다고 기록되도록 살아봐야겠다는 결심을 하게 되었습니다. 그런 마음을 먹으니 매일 부정적으로 나를 괴롭히는 것들이 긍정적으로 보이기 시작했습니다. 날마다 걷는 길이 친근하게 느껴졌고, 거리에서 만나는 많은 사람들이 모두 다 나를 응원해 주는 것만 같았습니다. 내가 먼저 웃어주니까 상대방들도 웃어주었습니다. 내가 손을 내미니까 상대방도 내밀어 주었고요. 항상 내가 먼저였습니다. 전에는 늘 상대방이 내게 먼저 잘해주길 원했었는데 말입니다."

회장의 긴 연설이 끝났을 때 참가자들은 여기저기에서 훌쩍거리기도 했고, 어떤 사람은 대성통곡을 하기도 했다. 다음 순서가 이어졌다. 초등학생 도우미 중 한 명이 나와 아빠에게 썼다는 편지를 낭송했다. 참가자들의 눈시울이 더욱 붉어졌다.

아이의 편지글 낭송이 끝났을 때였다. 트럭 한 대가 본부석을 향해 다가왔다. 트럭에서는 따끈따끈한 음식들이 내려졌다. 회장은 영문을 모르겠다는 듯이 트럭 기사에게 물었다.

"잘못 배달된 게 아닙니까? 우린 음식을 주문한 적이 없는데……."

트럭기사는 대답했다.

"저는 그저 심부름만 왔을 뿐입니다. 잘은 모릅니다만 학교 운동장에서 특별한 백일장이 열린다는 소식을 듣고 학교 근처에 있는 자그마한 교회 성도들이 마음을 모아 참가자들의 저녁거리를 준비해 준 것 같습니다."

회장은 트럭 기사의 손을 잡으며 '감사하다'는 인사말을 대신 전해달라고 부탁 했다.

"그러죠. 저도 이런 기분 좋은 심부름을 하게 되어 기쁩니다."

라고 대답하고 떠나갔다. 회장과 진행위원들은 멀어져 가는 트럭을 향해 손을 흔들었다. 트럭이 보이지 않게 되자 회장은 말했다.

"순서에는 없었지만 음식이 들어왔으니 우선 나눔의 시간을 갖도록 합시다. 얼른 앞으로 나오셔서 음식들을 가져가시지요."

참가자들은 자유롭게 음식을 담아갔다. 그들이 앉아 있던 돗자리는 금세 연기가 모락모락 나는 저녁 식탁이 되었다. 운동장에 더 짙은 어둠이 내리고 있었다. 모두들 허기진 배를 급히 채우느라 바빴다. 숟가락소리가 작아졌을 때였다. 토끼가면을 쓴 참가자가 불쑥 진행석으로 뛰어

나왔다. 그는 마이크를 들더니

"아, 아!"

하고 마이크 실험을 했다. 모든 시선이 그에게 향했다.

"식사 중에 갑자기 나와 놀라게 해드렸다면 죄송합니다만, 이 자리에 오신 여러분과 제 자신에게 하고 싶은 말이 있어서 나왔습니다."

사람들은 더욱 빤히 그를 쳐다보았다. 토끼 가면을 쓴 사람은 잠시 목을 가다듬더니 입을 열었다.

"오늘 저는 백일장에 무심코 참석했다가 글을 쓰면서, 또 주최측 회장님의 연설과 꼬마의 아버지를 향한 편지글을 들으면서 많은 것을 느꼈습니다. 그래서 말인데 결론만 말씀드리면 여러분, 우리 더 이상 비겁하게 가면 뒤에 숨지 말고 당당하게 우리의 얼굴과 이름을 책임지며 살아보면 어떻겠습니까? 제 말에 찬성하시는 분은 가면을 벗으시고 옆 사람과 악수를 하면서 자신의 이름을 크게 이야기 하도록 하죠."

말하던 참가자가 먼저 토끼 가면을 벗어던졌다. 가면 속에서는 수염이 덥수룩한 오십대 중반의 아저씨 얼굴이 나왔다. 그 참가자는 주변에 있던 회장에게 고개를 숙이며 악수를 청했다. 회장은 아무 말 없이 그를 꼭 품어 주었다. 다른 참가자들도 들고 있던 수저를 내려놓았다. 그리고는 잠시 주춤하는가 싶더니 한 사람 한 사람 가면을 벗어 던지기 시작했다. 거북이 가면 속에서는 30대 청년이, 황소 가면 뒤에서는 60대 노인이, 고양이 가면을 비롯한 많은 가면 뒤에서 초췌한 얼굴들이 주렁주렁 눈물을 매달고 있었다. 토끼 가면을 벗어 던졌던 수염이 덥수룩한 참가자는 다시 마이크를 잡고 말했다.

"여러분 우리, 마지막으로 한번만 더 실컷 울어봅시다. 이제 질려서라도 다시는 울 일이 없도록 말입니다. 그래야 다시 웃을 수 있을 테니까요."

수염이 덥수룩한 참가자는 마이크를 들고 대성통곡을 했다. 그간 쌓아둔 많은 아픔과 슬픔들이 울음으로 쏟아져 나오고 있었다. 참가자들도 갖가지 모습으로 억눌려 있던 감정들을 울음으로 토해냈다. 참가자들은 울고 또 울었다. 나중에는 서로 얼싸안고 울기까지 했다. 백일장이 열린 운동장은 울음바다가 되어 있었다. 토끼가면을 썼었던 참가자가 목멘 소리로 말했다.

"속이 후련하시지요. 하하하. 우리 이제부터는 웃고 살아봅시다. 그리고 저는 원래 용기가 없어서 남들 앞에서는 말 한 마디 못하는 사람이었는데 오늘 이상하게 용기가 생겨 여러분 앞에 서서 속마음을 털어놓게 되었습니다. 들어주셔서 감사합니다."

참가자들은 우레와 같은 박수를 쳐주었다. 토끼가면을 썼었던 참가자는 꾸벅 인사를 하고 자기 자리로 들어갔다.

조금 더 짙은 어둠이 추위와 손잡고 학교를 덮쳐가고 있었지만, 참가자들의 표정에 희망의 햇살이 밝게 빛났다. 가면을 벗은 참가자들은 오래된 이웃처럼 다정하게 대화를 나누었다. 그 모습을 한참 지켜보고 있던 회장이 말했다.

"토끼가면을 쓰셨던 분으로 인해 오늘 백일장이 더욱 짙은 향기가 나는 것 같습니다. 감사합니다."

회장은 토끼 가면을 썼던 참가자에게 고개를 숙였다. 토끼 가면을 썼던 참가자는 쑥스러운 듯이 머리를 긁적였다. 회장은 다시 입을 열었다.

"여러분, 저를 잠시 주목해 주십시오. 백일장 심사가 끝나서 발표를 하려고 합니다. 오늘 백일장에 모두 53분이 참가해 주셨습니다. 모든 분들에게 상을 주고 싶지만, 그럴 수는 없고 장원, 차상, 차하만 주기로 했습니다. 자, 그러면 어떤 분들이 오늘 행운의 주인공이 될지 발표를 해 볼까요?"

참가자들은 숨을 죽이고 회장을 바라보았다. 회장은 긴장을 풀어주기 위해 가벼운 농담을 했다.

"제가 심사한 게 아니기 때문에, 떨어졌다고 저에게 눈총을 쏘시면 안 됩니다. 저는 아픔에 약하니까요. 다들. 아셨습니까?"

회장의 말에 참가자들의 얼굴이 잠시 환해졌다가 다시

회장을 바라보았다.

"여러분이 저를 너무 빤히 바라보시니까 아무래도 '장원, 차상, 차하'를 한꺼번에 발표해야 할 것 같습니다. 저도 떨리니까요. 하하하. 그럼 발표를 하겠습니다."

회장의 말에 다들 긴장하는 표정이었다. 지나가던 바람도 긴장되는지 멈춰 섰다.

"장원은 가장 용기가 필요한 60대 이상 모두에게, 차상은 40대 이상, 차하는 그 이하 연배 분들에게 전부 드리겠습니다. 심사위원님들은 이 자리에 참석한 여러분 모두에게 상장을 주고 싶다고 하십니다. 여러분은 장원이십니다. 여러분은 차상이십니다. 여러분은 모두 차하에 당선된 분들입니다. 축하합니다. 축하합니다."

참가자들은 의외의 발표에 잠시 놀라는 듯했지만 모두가 수상자라는 것에 자신감을 얻은 듯 환한 표정이었다. 어떤 이들은 서로 얼싸안고 어린 아이처럼 좋아하기도 했다. 발표에 이어 상장과 시상품 전달이 있었다.

수상자 모두에게 주어진 상장은 작은 노란 봉투였다. 봉투 앞면에는 상장명과 수상자 이름이 뚜렷하게 써져 있고, 봉투 안에는 1만 원짜리 지폐 한 장씩이 '희망의 씨앗, 다시 용기를 낸 분들에게 나눠드립니다.'라고 적혀 있는 쪽지와 함께 들어 있었다. 회장은 수상자 한 사람, 한 사람에게 상장을 나눠주며 격려를 했다.

"늦었다고 할 때가 가장 빠를 때입니다. 실패를 미리 맛보았으니 이제는 성공만 있을 겁니다. 파이팅입니다."

회장의 바로 옆에서는 심사위원들이 상품을 나눠주며 수상자 모두를 안아주고 있었다.

상품은 '낙심', '좌절', '패배감', '자포자기', '우유부단', '부정적인 생각'이라는 글귀가 새겨져 있는 풍선이었다.

상과 상품을 받은 수상자들이 제자리로 돌아갔다. 심사위원장은 그 풍선의 의미를 설명해 주었다. 수상자들은 엄숙하게 고개를 숙였다. 운동장엔 더 짙은 어둠이 내려져 있었다. 회장은 백일장 수상자 모두에게, 나누어준 풍선들을 힘껏 불도록 했다. 수상자들은 모두 지시에 따랐다.

"자, 들고 계시는 풍선은 지금까지 지긋지긋하게 여러분들을 따라다니면서 괴롭히던 것들입니다. 이제 하나씩 밟아 터트리면서 저를 따라 크게 외치십시오."

수상자들은 풍선을 발아래 놓았다. 그리고 회장을 쳐다보았다. 회장은 선창했다.

"나는 할 수 있다. 나니까 할 수 있다! 장애물은 비켜라, 비켜!"

수상자 전원이 복창을 했다.

"나는 할 수 있다. 나니까 할 수 있다! 장애물은 비켜라, 비켜!"

회장은 힘껏 풍선을 밟아 터트렸다. 수상자들도 풍선을 힘차게 짓밟았다. 운동장엔 풍선 터지는 소리가 가득가득 차올랐다.

'뻥, 뻥, 펑, 퍼엉, 뻥, 뻥, 펑, 퍼엉, 뻥……'

풍선소리가 사라졌을 때였다. 운동장엔 조용한 음악이 다시 흐르고 회장의 목소리가 들려왔다.

"여러분은 이제 영예의 백일장 수상자들입니다. 여러분은 최고입니다. 여러분에겐 가정과 사회, 나라를 책임질 충분한 능력이 있습니다. 당당하게 가족과 사회로 돌아가 최고답게 사십시오. 오늘 여러분이 쓰신 글은 제가 간직하다가 여러분이 성공자가 되셨을 때 돌려주겠습니다. 백일장을 마칩니다. 여러분 안녕히 가십시오. 다시 뵐 때는 실패의 자리가 아닌 성공자의 자리에서 모두 뵙길 원합니다."

회장은 말을 마치고 고개를 푹 숙여 인사를 했다. 백일장에 참가했던 사람들은 우레와 같은 박수를 한참 동안 쳐주었다. 참가자들은 쫙 편 어깨로 교문을 나서기도 하고, 각오 한 마디씩을 남기기도 했다. 황소 가면을 썼던 60대 할아버지는,

"이제 다시는 힘들고 지친다고 내 자신을 술로 괴롭히지 않을 거야. 나는 소중하니까."

거북이 가면을 쓴 청년 참가자도 말했다.

"나는 해 낼 거다. 반드시 해내고 말 것이다. 학교야, 성공한 모습으로 다시 올 테니까 기다려라."

가면 백일장 주최 측 사람들은 참가자 전원이 운동장을 다 빠져 나갈 때까지 계속 격려의 박수를 쳐 주었다. 마지막 참가자가 교문을 빠져 나갈 때 회장은 작은 소리로 말했다.

"여러분 덕분에 온 나라 안의 지친 무궁화도 다시 활짝 웃음 짓고, 태극기도 더욱 힘차게 펄럭이게 될 것입니다. 여러분, 힘내세요. 사랑합니다."-끝-

손연옥

「아동문예」 동시로 등단
한국크리스천문학가협회 회원, 한국아동문학인협회 회원, 어린이책 작가교실 회원
발표동화 :『왕금이랑 배총이랑』,『할아버지와의 전쟁』,『시간을 삽니다』,『검정무지개를 그리는 아이』,『가면백일장』,『선택의 동굴』
제2회 대한민국 효 양양작품 대공모전 동화 장원
　수상 「할아버지와의 전쟁」

‖ 독후감 ‖

하버드 인생특강

최강일

하버드 대학은 1636년에 개교하여 미국의 최초의 대학으로 8명의 미국대통령, 40여 명의 노벨상수상자, 30여 명의 퓰리처상 수상자를 배출하였고, 미국사회의 발전과 경제의 방향을 결정한다 해도 과언이 아니라고 한다. 하버드대학은 미국사상계의 정점에 우뚝 서있으며 세계에 대단한 영향을 미치는 대학으로 인정받고 있다.

어디로 가려 하는가?

생각은 인생을 결정하므로 성공하고 싶다면 반드시 머리를 맑게 하고 이성과 지혜를 깨워 성공하는 사람의 생각과 마음가짐을 갖춰야 한다.

마음가짐

마음가짐이 인생을 만든다. 모든 심리적 상태와 활동을 합한 개념이 마음가짐이다. 즉 성격과 태도를 함께 일컫는 말이다. 성격은 사람마다 독특하게 자리 잡은 개성을 가리킨다. 현실에 대한 심리적 이해와 그에 따른 습관화된 행위방식을 말하는 것이다.

태도는 객관적 사물에 대한 심리적 반응을 의미하며 주변이나 사회생활에 한 반응 및 구체적 행동인 것이다. 인간이 인생을 바라보고 이끌어나가는 방법은 모두 마음가짐에서 비롯되는 것이다. 마음가짐은 생각을 만들고 생각은 행동을 낳는다. 행동이 습관으로 굳어지면 곧 성격이 되며 성격은 인생을 좌우하게 된다.

긍정적인 마음가짐

이는 당신의 심신을 모두 용기와 지혜로 가득 차게 만들 것이다. 긍정적인 마음가짐과 낙관적인 태도로 인생을 대하고 도전을 받아들여 어려움을 당당히 마주한다면 이미 절반의 성공을 거둔 것과 다름없다.

성공한 사람은 어려움에 부딪혀도 긍정적인 마음을 잃지 않는다. 성공자는 적극적이고 진취적이며 낙관적이다. 인생을 바라보는 방식은 우리 스스로가 결정하는 것이다.

우리에게 필요한 것은 건강하고 조화로운 심리상태와 생활방식이다. 긍정적인 마음가짐으로 대하는 사람은 인생에서 가치 있는 것을 얻을 수 있다.

왜 성격에 대하여 알아야 하는가?

집은 살 수 있지만 따뜻한 가정은 살 수 없고, 좋은 약은 살 수 있어도 건강은 살 수 없다. 고급화장품과 물건은 살 수 있지만 청춘은 살 수 없다. 돈만으로는 진정한 사랑과 심리적 안정을 얻을 수 없다.

건강한 성격

건강한 성격은 자신의 잠재력과 가치를 충분히 발휘할 능력을 갖춘 것을 의미한다. 우선 자신을 이해하고 인류가 역사 속에서 쌓아온 수많은 지식을 받아들여야 한다. 자신과 타인의 관계를 정확하게 처리할 줄 알아야 한다. 언제나 겸손한 마음으로 주변 사람들과 주어진 일들을 대해야 하며 성실한 마음을 잊지 말아야 한다.

낙관은 성공의 힘

낙관적인 사람은 어떤 일을 할 때 항상 투지를 보이며 적극적으로 뛰어든다. 낙관적인 마음이 성공의 동력이 되어서 일과 사업에 모두 강한 추진력을 더하기 때문이다. 긍정적인 암시에 큰 힘이 있다. 신은 한쪽 문을 닫을 때 반드시 다른 쪽 문을 열어두신다는 말이 있다. 신은 어려움을 줌과 동시에 그 옆에 당신을 위한 기회를 준비해 둔다는 뜻이다. 그것을 발견하는 능력이 필요한 것이다.

선한 본성을 길러라

친구란 늘 선의로 대하고 도움을 주는 사람이다. 선한 일을 많이 해서 좋은 인연을 맺으라. 선함이 있는 곳에 언제나 성공과 재물이 따른다. 모든 사람은 반드시 타인의 존재가치를 인정하고 선량한 마음으로 대해야 한다. 배려는 두 마음 사이를 잇는 아름다운 다리다.

하버드가 사랑한 유머

유머는 활력을 주고 생활에 멋을 보태준다. 유머는 다른 사람을 기쁘게 만들고 자신까지도 즐겁게 한다. 유머는 커다란 지혜를 약간의 바보스러움 뒤에 숨긴 채, 미소를 띠고 삶의 모순과 갈등을 바라보는 것이다. 유머를 통해 즐거움을 찾는 것이야 말로 긍정적인 생활태도다.

성격은 스스로 결정하는 것이다

성격은 본인이 언제든 바꿀 수 있는 것이다. 성격은

태도, 이성과 지혜, 감정의 네 가지 특징이 결합된 복합체다. 태도는 세계관, 신념, 이상, 흥미 등을 드러내는 것으로 개인 고유의 반응이다. 사람의 성격은 얼마든지 바꿀 수 있다. 자기제어를 통해 바꿀 수 있는 것이다.

성격을 훈련하라

성격수양 : 스스로의 성격을 바꾸고 조절하는 것. 자신을 이해하고 제어하는 데 반드시 필요한 능력이다. 자아의 발견과 창조 노력을 거치지 않고서는 건강한 성격을 만들 수 없다. 자신을 끊임없이 단속하고 훈련해야 한다. 사람들은 모두 일생 동안 자신을 단련해서 자아를 완성해 나간다. 꿈이 원대한 사람은 자신에게 엄격하며 이상이 클수록 더욱 능동적이고 적극적으로 자신의 성격을 훈련한다.

더 나은 성격을 위하여

성격은 그 사람의 운명을 결정한다. 성격은 태어난 후에 사회와 문화 등 주변 환경의 영향을 받아 만들어지는 것으로 세계관, 인생관, 가치관 등으로 구성되어 있다. 우수한 성격과 품성은 그 사람의 지능과 재능을 더욱 빛나게 해서 좋은 길로 이끈다. 누구 든 내면에는 선한 모습과 악한 모습이 섞여 있다. 당신은 이 세상에 유일무이한 존재이며 인생의 주도권은 당신이 쥐고 있음을 잊지 말라.

처세 ; 좋은 인간관계가 더 나은 인생을 만든다.

당신에게 도움이 될 수 있는 사람을 선별해서 정성을 쏟으며 끊임없이 교류하고 관계를 돈독하게 하는 것이 중요하다. 주변사람들을 감동시켜서 인간관계의 폭을 넓히고 질을 향상시켜야 한다. 사교에 능하고 인간관계가 좋은 사람만이 성공할 수 있다.

인맥을 확대하라

성공하는 사람들은 넓고 두터운 인맥을 갖고 있다. 서로 도움을 주고받는 것이 바로 인맥의 특징이자 인맥을 잘 유지하여 옆 사람과 유지할 수 있는 방법이다. 인맥의 범위가 넓을수록 우연의 확률 역시 높아진다.

감정투자가 답이다

감정투자란 사람들을 더 많이 알고 소통해서 관심을 기울이고 도움을 주고받는 것을 말한다. 인연을 맺은 사람과 장기간 교류하며 상대방을 돕는 것이 인간관계를 돈독히 하는 길이다. 지지와 신뢰를 명확히 보여주어야 한다. 누구에게나 배울 점이 있다. 최선을 다해 상대방의 장점을 찾고 그것을 진심으로 칭찬하라.

품위는 고급 인맥의 기초

겉모습에 품위가 없으면 그 사람의 가치가 떨어지고 인맥경영에서도 문제가 발생한다. 옷차림을 단정하게 해서 품위를 갖추는 것은 상대에 대한 예의다. 사람들은 일단 눈으로 보는 것에서 첫인상을 갖는다.

당신의 인간관계를 보호하라

효과적인 사교의 중요성을 인식하라.

일에서 성공에 필요한 요소의 85%는 인간관계, 즉 다른 사람들과 잘어울리는 능력이며 전문적인 기술과 훈련은 단지 15%에 불과하다고 한다.

좋은 인간관계 만들기 요령

능동적이고 주동적인 태도가 필요하다.

인간관계를 잘 보호하고 유지하는 것이 매우 중요하다.

1. 끝 없는 논쟁을 피하라.

상대와 생각이 다르면 논쟁을 벌일 것이 아니라 토

론, 협상의 자세로 타협점을 찾는 것이 바람직하다.

2. 직접적인 비난, 책임추궁은 금물이다.

언제나 상대의 장점을 말하라. 상대방의 자존심을 지켜주었을 때 성공적으로 문제를 해결할 수 있다.

3. 잘못이 있으면 그것을 인정하라.

자신의 잘못을 인정하고 겸허한 자세로 사과한다면 상대방은 더욱 관용적인 자세로 당신을 대할 것이다.

4. 비판하는 방법을 배워라.

현명하게 비판하는 방법을 배워 익혀야 한다.

경쟁문제

1. 경쟁 우위를 찾아라.

---정확하고 객관적인 자기평가를 통해서 자신의 강점, 즉 경쟁 우위를 찾는 것이 급선무다. 우리는 언제나 긍정적이고 객관적으로, 그리고 정확하게 자신의 장점과 약점을 모두 인식해야 한다. 그리고 이를 바탕으로 약점을 제어하고 강점을 최대한 발휘하는 것이 중요하다.

우선 자신의 진정한 재능과 한계를 명확하게 인식해서 적합한 분야를 찾아야 한다. 마음속 깊은 곳에서 우러나오는 열정과 잠재능력을 당신만큼 정확히 아는 사람은 없다. 우리가 해야 할 일은 약점을 줄이거나 고치는 것 보다 강점을 더 크게 확대하는 것이다.

2. 나만의 경쟁우위

능력이란 사람이 일을 할 수 있는 일종의 자본이다. 이것은 예민한 통찰력, 정확한 판단력, 과학적인 정책 결정력, 과감한 실행력, 적극적인 협동심, 강한 의지, 성실함, 친화력 등을 모두 포함한다. 절대적인 경쟁우위란 없으며, 언제나 상대적이어서 비교 대상,시기, 상황에 따라 달라질 수 있는 것이다. 다른 사람에게는 없지만 나에게 있는 것, 이것이야말로 가장 믿을만한 경쟁우위가 된다.

3. 긍정적으로 자신을 바라보라.

자신을 어떻게 바라보고 인정하며 평가를 내리는가에 따라 그 사람이 나아갈 방향과 모습이 결정된다고 해도 과언이 아니다. 당신의 인생은 당신이 자신을 바라보는 방식대로 흘러간다. 자신에 대한 인정과 평가, 다시 말해 자아개념은 한 번 굳어지면 바꾸기가 무척 어렵다. 그러나 자아개념을 반드시 바꾸겠다는 굳은 의지와 끈기, 그리고 자신감을 바탕으로 새로운 자아개념과 행동을 일치시킨다면, 당신의 인생은 분명히 달라질 것이다. 자아개념의 변화는 살면서 가장 재미있고 신기하며 자유로운 경험이다. 좀 더 긍정적으로 자신을 바라보고 적극적으로 자아개념을 바꾸고 행동한다면 더 나은 인생이 펼쳐질 것이다.

4. 잠재능력과 신념이 성공을 가져온다.

인생은 스스로 개척하는 것

크고 작은 좌절을 참고 견뎌내는 것은 당신의 몫일 뿐 다른 누구의 것도 아니다. 하늘은 스스로 돕는 자를 돕는다고 했다. 모든 사람에게는 잠재능력이 있다. 잘해 보자는 자기 암시는 큰 효과가 있다. 할 수 있다는 신념, 자신의 잠재력을 믿어라. 성공하고 싶다면 필승의 신념이 있어야 하며 그러면 이겨낼 수 있다. 강한 신념은 잠재의식, 감각, 행동에 모두 명령을 내려서 자신도 몰랐던 능력을 이끌어 낸다.

성장은 끊임없이 새로워지는 지속적인 과정

성장은 끊임없이 새로워지는 지속적인 과정이며 자신의 마음속으로부터 느끼는 희열이다. 성장은 오로지 자신의 것이니 자신감과 의지가 더 강해진다. 목표를 이룰 때마다 당신의 내면은 더 강하고 두터워져서 끊임없이 성장할 것이다.

자신감

　자신감은 성공의 원동력 : 성공자들은 자신감을 갖고 잠재능력을 잘 개발한 사람들이고 고난을 견딜 각오가 되어 있는 사람들이었다. 자기 비하나 열등감은 그 무엇보다도 파괴력이 크다. 자신에 대한 긍정적인 평가를 내리는 사람만이 자신을 존중하고 품격을 갖출 수 있다. 자신의 능력을 믿고 용감하게 세상을 마주해야 한다.

　성공한 사람들은 모두 자신을 사랑하고 스스로를 강하게 만들며 자주적인 마음을 유지한다는 공통점이 있다. 자신감은 성공의 기초이며 큰 무기다.

즐거움

　모든 지혜와 열정을 오늘에 집중하여 최선을 다하는 것이야말로 미래를 맞이하는데 가장 좋은 방법이다. 당신에게 가장 중요한 것은 지금 당신이 살고 있는 오늘임을 잊지 말아야 한다.

다른 사람을 도와라

타인을 위해서 일하는 것은 책임이나 의무가 아니라 누려야 하는 권리다. 그것이 당신에게 더 큰 즐거움과 건강을 가져다주기 때문이다. 긴 인생 여정에서 즐거움을 누리고 싶다면 타인을 위해 살아야 한다.

용서로 즐거움을 얻으라

용서는 갈등을 사라지게 하며 서로의 마음속에 있는 아픔을 치유하고, 그 자리를 자신감과 희망으로 채운다. 용서하는 마음으로 세상을 바라보는 사람은 언제나 즐겁고 영혼의 안녕을 얻는다.

즐거움을 연습하라

좋아하고 관심 있는 일을 하는 사람은 일하면서 매우 즐거워하며 피로를 느끼지 않는다. 단순히 마음가짐을 수정하여도 피로를 줄일 수 있고 즐겁게 일할 수 있다.

습관

좋은 습관은 성공의 열쇠다. 생각은 행동을 만들고 행동은 습관이 되고 습관은 성격이 되며 성격이 인생을 만든다. 자신의 나쁜 습관을 알면서도 고치지 않는다면 당신은 습관의 노예가 될 수밖에 없다.

분노를 다스려라

분노는 다른 사람에게도 재앙이지만 무엇보다도 자신에게 가장 큰 화를 입힌다. 분노는 우매함으로 시작되어 후회로 끝난다. 어떤 상황에서라도 분노를 억누르고 자신을 제어해서 이성적으로 생각해야만 한다.

열정과 애정으로 무장하라

일하는 과정에서 즐거움과 의미를 찾으려고 노력해야 한다. 일을 통해서 경험, 지식, 자신감 등을 얻을 수 있다. 긍정적이고 적극적이며 열정과 애정이 가득 찬 마음만이 당신을 행복으로 이끌 수 있을 것이다.

고난은 성공을 부른다

성공한 사람들은 고난과 좌절에서 고통을 견디는 법을 배우고 성공의 지혜를 얻는다. 인생의 진정한 가치와 의미는 여러 번 실패하고도 다시 일어나 싸우는 데 있다. 실패 역시 긍정적인 가치가 있는 것이다. 역경은 사람을 단련시키는 최고의 학교다. 인생은 마라톤과 같아서 길고 굴곡이 많다. 그러므로 반드시 인내해야 하며 견디고 끝까지 최선을 다해야 한다. 성공하는 사람들은 모두 그 의지 덕택에 풍부한 보상을 받을 수 있는 것이다. 무슨 일이든 성공하려면 반드시 명확한 목표가 있어야 한다. 이것은 당신에게 나아갈 방향을 제시하고 끊임없이 노력하게 자극을 준다.

계속할 때와 물러날 때를 알아야 한다

계속해야 할 때 계속하지 않으면 좋은 기회를 놓칠 수 있고, 물러서야 할 때 물러서지 않으면 더 큰 어려움에 직면할 수 있다. 중요한 시기에는 모든 지혜와 판단력을 동원해서 정확한 방향을 선택해야 한다. 객관적으로 상황을 파악해서 결정해야만 한다.

최강일

「한국크리스천문학」 수필등단,
한국크리스천문학가협회 회원,
고려대학교 영어영문학과 졸업,
남강고등학교 교사로 정년퇴임,
옥조근정훈장 대통령표창 수상

스마트 수필

우리는 책대로 했다

최건차

"우리는 책대로 했다"라는 이 한마디는 무장괴한들에게 공중납치된 유대인 인질을 구출한 이스라엘 정부의 군 대변인이 내외 기자들의 질문에 답한 말이다.

1976년 6월 27일, 파리를 떠나 텔아비브로 향하던 에어프랑스 여객기 한 대가 팔레스타인 테러리스트와 독일의 적군파 무장괴한들에게 공중납치되었다. 피랍된 여객기의 탑승객 246명 중 77명은 이스라엘 국적의 유대인들이었다.

납치범들은 조종사를 겁박하여 여객기를 동부 아프리카의 깊숙한 곳으로 유도하여 내륙의 바다 같은 빅토리아 호수에 접해 있는 우간다의 엔테베(Entebbe) 공항에 착륙시켰다.

우간다는 이스라엘과의 국교를 단절한 상태였다. 영국인들과 유대인들을 추방한 검은 히틀러라는 우간다의 독재자 이디 아민은 한때 영국군 하사관이었다. 그는 아마추어 헤비급 권투선수로 유럽이나 영국계 백인들을 데려와 권투시합을 즐기면서 자신에게 반기를 들거나 눈에 거슬리는 사람들은 무조건 붙잡아다가 악어 농장에 던져 넣게 했다.

여객기가 피랍된 지 5일째 되는 날 악마의 화신인 우간다의 이디 아민은 여객기를 공중 납치한 테러리스트들에게 호의를 베풀어주고 있었다.

납치범들은 유대인들만 기내에 가두어두고 다른 나라 탑승객들은 풀어주면서 이스라엘을 희롱조로 협박했다. 이스라엘 정부는 납치범들에게 대응하지 않고, 그들의 조상 아브라함이 이방인들에게 사로잡혀가 있는 조카 롯과 그 가족을 단까지 쫓아가서 구출해낸 역사를 상고하면서 과감하고 은밀하게 인질구출 작전을 펼치고 있었다.

이스라엘 정보기관 모사드(Mossad) 요원들은 이디 아민과 경호원으로 변장했다. 모사드 요원들과 특공대를 실은 4대의 허큘리스 수송기가 한밤중에 아프리카의 내륙 엔테베로 날아갔다.

음산한 아프리카 우간다의 여름밤, 이디 아민으로 변신한 요원을 태운 지프차가 무장한 경호원 차량의 호위를 받으면서 공항에 들어서자 대통령이 납치한 비행기를 시찰 나온 줄 알고 긴장한 경비병들이 정신없이 공항 문을 열어주었다. 무사히 공항으로 들어간 모사드 요원들과 특공대원들은 납치된 비행기에 쉽게 접근하여 기내로 들어가 "유대인들은 바짝 엎드리시오"라고 히브리말로 외쳤다.

유대인들이 알아차리고 엎드린 사이에 멍청하게 서 있는 자들을 향하여 특공대원들의 기관단총이 불을 뿜었다. 납치범 전원이 사살되고 공항 경비병 30여 명까지 처치한 후 인질 전원을 수송기에 태우고 그 밤에 이스라엘로 무사히 돌아왔다.

날이 밝자 이디 아민의 우간다는 초상집이 되고 전 세계의 웃음거리가 되었다. 이스라엘은 기쁘지만 조용한 분위기였다. 작전을 수행하던 과정에서 특공대장 요나단 네타냐후가 목숨을 잃었다. 생명을 바쳐 인질구출 작전을 성공적으로 지휘했던 특공대장의 동생이 베냐민 네타냐후다.

그 역시 시예레트 맷칼이라는 또 다른 특공대의 팀장으로 활약하다가 대위로 명예 전역하여 후일 이스라엘 총리가 되었다. 전 세계의 눈과 귀가 이스라엘로 쏠리고 달려온 외신기자들이 구출 작전을 완벽하게 수행한 특공부대를 향해 물었다.

"어떤 방법으로 작전을 전개하였기에 붙잡힌 유대인 전원을 무사히 구출해 낼 수 있었는가?"

라는 질문이 빗발쳤다. 이에 작전을 수행했던 특공부대 관계관은 "우리는 책대로 했다."라는 짧은 한마디로 답했다.

"책대로 했다"라는 것은 아브라함처럼, 하나님의 말씀대로 했다는 말이다. 하나님이 주신 지혜와 능력으로 했을 뿐이라고 그 영광을 하나님께 돌린 것이다. 1967년 6월 모세 다얀이 제2차 중동전쟁을 단 6일 만에 이스라엘의 승리로 이끈 지 십 년이 되는 해였다. 이 무렵 무장괴한들에 의한 항공기 납치 사건이 빈번하게 발생했다. 이집트 여객기가 공중 납치되어 지중해의 동부에 위치한 키프로스로 날아갔을 때였다. 이집트 정부는 즉각 특공대를 보내어 인질 구출 작전을 펼쳤는데, 작전 미숙으로 이집트 인질들만 희생되고 특공대원들은 키프로스 군에 포로가 되었다.

다윗은 하나님을 모욕하고 이스라엘을 위협하는 골리앗을 물맷돌로 쓰러뜨렸다. 그는 "여호와의 구원하심이 창과 칼에 있지 아니함을 이 무리로 알게 하리라 전쟁은 여호와께 속한 것인즉 그가 너희를 우리 손에 붙이시리라"는 하나님의 말씀을 믿고 그대로 나가서 마주 대했다. 빈 몸인 어린 다윗을 보고 조롱하던 골리앗이 쌩하고 날아온 물맷돌에 꺼꾸러지고 불레셋 군대는 풍비박산이 되어 이스라엘은 이 전쟁에서 이겼다. 다윗의 물맷돌이 후일 미사일 개발의 근본이 되었다고 한다.

역사는 반복되고 있다. 한국전쟁 때 맥아더 장군이 하나님을 의지하는 믿음으로 인천상륙작전을, 낙동강 방어 역시 하나님을 경외하는 이승만 대통령과 그리스도인들의 기도가 있었기에 성공했던 것이다.

한여름에 내리는 비는 낙동강을 도하하려는 적에게 호기였지만, 억수같이 내리던 비가 기도한 대로 갑자기 멈추었다.

이때 오키나와의 미군 전투기가 날아와 낙동강을 한참 건너던 인민군들을 모조리 수장해 버렸다. 국군과 유엔군이 추풍령을 넘어 서울을 회복하고 38선을 돌파, 평양을 점령하고 압록강에 이르러서는 그 강물을 수통에 담아 이 대통령께 갖다 드렸다.

통일이 이루어지나 싶어 기쁨과 감격에 벅차 있을 때였다. 중공군 30여만 명이 은밀하게 들어와 있다가 아군을 공격했다. 그들은 한겨울의 추위와 험준한 산악을 이용, 야간에 피리를 불며 징을 울리고 꽹과리를 치면서 기상천외의 해괴망측한 인해전술로 미군을 기습 타격했다.

이에 장진호에서는 미군의 최정예부대인 해병 제1사단이 혹독한 한파와 포위망에 갇혀 피해를 입고 후퇴하면서 흥남 철수작전이 전개되었다. 각 전선에서는 적을 격퇴하면서 중공군 수만 명을 파로호에 몰살시키고, 서해안 NLL과 철원 평야를 확보하였지만, 아직은 원치 않은 휴전상태다.

최건차

월간 「한국수필」, 「창조문예」, 등단,
수필집 『진실의 입』, 『산을 품다』 외,
한국문협한국수필문학가협회 이사,
수원 샘내교회 담임목사

글에도 맑은 향기가 있어

남춘길

나의 글쓰기는 몸살이 난 것 같다. 그것도 심하게!

헝클어진 머리카락처럼 이야기의 흐름이 이리저리 꼬이고 윤기 잃은 문장들이 툭툭 끊어진다. 쓰고자 하는 글들은 머릿속에 맴도는데 줄기가 제대로 뻗어가지 못하고 자꾸만 옆길로 새고 있다. 수필집을 엮은 지 5년이 지났는데 그동안 수필보다는 시를 주로 썼기 때문일까? 생각을 잘 정리해 읽을 만한 한 편의 글을 깔끔한 결론으로 완성했을 때의 뿌듯한 마음, 감성 가득한 표현으로 시 한 편을 끝냈을 때 힐링이 되던 기쁨을 잃게 될까 봐 두려워진다.

언젠가 아침 신문에서 〈지적知的 진동〉이라는 칼럼을 읽었다. 철학자 최진석 선생님의 글인데 3번이나 읽어볼만큼 깊은 울림과 공감이 가는 글이었다. 사람의 마음을 움직이는 힘은, 내용이 실하고 무게감 있는 강의보다는 틈새를 열어주는 이야기로 풀어가는 글이고, 그 이야기보다는 그리움의 원천을 끌어내는 감성적인 시어들이 가장 빠르고 깊게 사람의 마음을 끌어당김은 물론 위로와 희망을 불러다 준다는 것이다. 마음결에 한 줄기 햇살이 비쳐오듯 마음이 밝아졌다. 부족한 내 글의 한 줄이 누군가의 마음을 쓰다듬어 준다면 이보다 더 보람되고 기쁠 수가 없을 것이다.

이렇듯 좋은 글을 쓰고 싶어 마음은 안달이 나는데 제대로 풀리지 않고 주저앉게 되니 욕심이 앞서 초조하게 되는 것이구나 하는 깨달음이 희미하게 느껴졌다. 그렇다. 욕심 때문이다. 타고난 재주는 모래알처럼 작은 주제에 글은 잘 쓰고 싶은 가당찮은 욕심 때문이다. 잠깐 멈추어 나를 돌아보고 덮어 두었던 책을 다시 읽어보기로 하였다. 성경 말씀도 차분히 읽어 영성을 구하고 읽다 만 소설수필잡지집 들을 깊은 뜻을 헤아리며 읽어 나가기로 하였다.

지인이 폰으로 보내준 좋은 글도 안 읽은 채로 졸고 있지 않은가.

'고민하며 세상걱정 다 해본들 해결하는 건 결국 시간이려니.' 백번 옳은 말씀이다. '모든 사람 걱정 없이 다 잘사는데 왜 나만 이렇게 힘들게 사나. 그러나 들여다보면 걱정 없이 사는 사람 하나도 없다. 지지고 볶고 사는 건 다 마찬가지다.' 평범한 말 속에 숨은 진리의 말씀이다.

그중에서 가장 마음을 따뜻하게 온기로 차오르게 하는 정겹고도 맑은 이야기가 있었다. 평생 잊혀지지 않을 행복한 이야기다.

세계 3대 빈민 도시의 하나인 필리핀의 톤도에 사는 한 소년이 평생 한 번도 먹어보지 못한 햄버거를 맛이라도 보고 싶어 잠들기 전에 햄버거 상상을 하며 잠이 들었다. 꿈에라도 맛을 보고 싶었던 것이다. 그 이야기를 들은 어느 작가가 햄버거를 3개 주문하여 소년의 책가방에 넣어 주었다. 그런데 그렇게 먹고 싶어 하던 햄버거를 소년은 먹지 않았다. 이상하고 궁금하여 햄버거를 못 보았느냐고 물어보았더니, 주신 분을 확인하고 감사인사를 드린 다음 먹으려고 기다렸다는 신통한 대답을 하였다. 얼마나 먹고 싶었을까…. "이제 알았으니 마음놓고 먹어라." 그러자 뜻밖에도 소년은 망설이는 듯 주위를 둘러보는 것이었다. 혼자만 먹기 미안해 주위 눈치를 보는 줄 알았더니 나누어 먹을 친구들의 숫자를 세어보았던 것이다. 소년은 햄버거 3개를 15개로 나누어 친구들과 맛있게 먹었다. 햄버거 먹는 것이 소원이었는데 왜 나누어 먹었냐고 물으니, "혼자만 먹으면 혼자 행복하니까요. 혼자만 행복하다면 진짜 행복이 아니잖아요. 다 함께 행복해야죠." 하고 답했다. 빈민가에서 태어나 쓰레기로 가득한 동네에 살지만 나누고 사랑할 줄 아는 소년들에게는 밝은 내일이 있고 내일을 향한 꿈이 있을 것이다.

 필요한 것을 다 소유하고 있을지라도 이렇게 맑고 깨끗한 영혼을 갖지 못한 채로 아름다운 글을 쓰고 싶어 조바심을 내고 있었다면 향기가 배어 있는 좋은 글을 쓸 수 없는 것은 당연하지 않을까.

남춘길

「문학나무」 수필등단 「한국크리스천문학」 시 등단
한국크리스천문학가협회 부회장 및 운영이사장.
한국문인협회, 한국수필가협회, 푸른초장문학회, 별빛문학회, 송파문인협회 회원
크리스천문학나무숲 운영위원.
수필집 : 『어머니그림자』
시집 : 『그리움 너머에는, 노을빛으로 기우는 그림자』
범하문학상, 별기람 문학상 수상
남포교회 권사.

세계명언 (4)

선을 수반한 겸손

김홍성 편

아프아프는 뒤에 오는 자에게 타일렀다.

"만약 그대가 내게 반대하려거든 내가 거리로 나가기 전에 말해 보아라. 누구든지 그 얘기를 들으면 그대는 큰 욕을 보게 될 테니까"라고—에집트의 성언

"큰 자는 작은 자같이 되고 윗자리에 앉은 자는 섬기는 자같이 하라. 나는 섬기는 자로서 너희와 함께 있는 것이다."—성경

어느 겨울 일이었다. 성 프랑시스는 형제 레프와 함께 성 벨자에서 볼찌옹쿨로 가는 길이었다. 아주 추운 날씨여서 둘 다 추위에 몹시 떨고 있었다. 성프랑시스는 앞장서 걷는 형제 레프를 불러서 말했다.

"아아! 형제 레프여! 우리 형제는 신성한 삶의 모범이 되려고 세상을 순례하고 있다. 그러나 이 일에 완전한 기쁨이 있는 것이 아니라고 써 두어라."

그리고 한참 더 가더니 성 프랑시스는 또 형제 레프를 불렀다.

"형제 레프여! 그리고 또 써 두거라. 설사 우리 형제가 병자를 고치고 악마를 몰아내며 소경의 눈을 뜨게 하며 송장을 일여켜 소생시킨다 해도 — 써 두어라. 그 일에 완전한 기쁨이 있는 것은 아니라고"

그리고 얼마 안 가서 성 프랑시스는 다시 레프를 불러서 말했다.

"그리고 또 써 두라. 하나님의 양인 형제 레프여! 설사 우리들이 천사의 말을 하며, 별의 흐름을 알고 땅 위에 모든 재물이 우리 앞에 열리며, 또 우리가 새물고기·잠승·인간·수목이나 돌이나 물의 생명의 비밀까지도 알 수 있다고 해도 — 써 두어라. 그 것에 완전한 기쁨이 있는 것이 아니라고"

그리고 얼마쯤 걸었을 때 성 프랑시스는 형제 레프를 다시 불러서 말했다.

"적어 두어라! 설혹 우리가 선교해서 모든 이교도들을 그리스도의 신앙으로 돌릴 수 있다 해도 그 것에 완전한 기쁨이 있는 것은 아니라고"

그때 형제 레프는 성 프랑시스를 향하여 물었다.

"그러면 대체 어디에 완전한 기쁨이 있습니까?"

성 프랑시스는 대답했다.

"그것은 바로 여기 있다. 만약 어지럽고 추위로 손발이 얼어 몸이 마비가 되고 굶주린 채 우리가 볼찌옹귤로 가서 그 곳을 통과시켜 달라고 부탁할 때 문지기가 우리를 보고 '네놈들은 세상을 방황하며 속이고 가난한 자들로부터 동냥질이나 하는 놈들이군 당장 여기서 물러가거라' 하고 문을 열어 주지 않으면 — 그래도 우리는 문지기를 나무라지 않으며 사랑과 겸양으로 문지기를 원망하지 않고, 하나님이 문지기에 그렇게 하라고 시키신 것이라고 생각하며 아무리 축축하고, 춥고, 굶주려 눈보라 속에서 밤을 새워도 문지기에게 전혀 불평하지 않는다면, 형제 레프여! 그 때야 비로소 완전한 기쁨이 있을 것이다."

　　　　판단하지 말고 나와 비교하지도 말라.
　　　　자신을 항상 완전. 그것과만 비교하라.

김홍성

여의도순복음교회 22년 시무
기독교하나님의 성회 교단총무
현) 상록에벤에셀교회 담임목사

출판 알레고리(8)

하필 허당에 빠진 국자 / 충청도 사투리로 쓴 / 명랑 소설

넷째 남자 (8)

심혁창

회장이 의아한 눈으로 웃으면서 물었다.

"농담하시는 거 아니시지요?"

"야. 이름이 이상혀서 그러시지유?"

"하하하, 그렇소. 이름도 이상하지만……."

회장은 속으로 말끝을 맺었다. 촌뜨기 이름 같다고

"회장님, 죄송해유. 부모님이 지어주신 이름인게 저도 우짤 수 없구먼유."

"좋아요. 허당이란 이름이 듣기는 그렇지만 정감 가는 이름입니다. 허씨는 허가 없이는 못 사는 세상의 성이라고 자랑한다는데 그 말이 정말인가요?"

"그렇지유. 허가 없이 되는 일 있나유."

"하하하, 재미있는 분이시오. 그런데 이 책은 어디서 구하셨소?"

"구한 게 아니라 제가 일하는 곳간에 수두룩하지유."

"곳간이라니 서점 창고 말씀인가요?"

"서점이 아니구유 그냥 곳간이지유."

"거기 이런 고서가 많다는 말씀인가요?"

"야."

"이 책값은 얼마나 받을 생각이시오?"

"거저유. 회장님한티 거저 공짜로 드리려고 가지고 왔쥬."

"고맙소. 어떻게 나를 알고 찾아왔는지는 묻지 않겠소. 고서를 가진 사람 치고 날 모르는 사람은 없으니까."

"고마워유. 저 이만 돌아갈게유."

"정말 책을 거저 주고 가시겠다고요?"

"야."

"책의 가치를 아는 사람은 공짜로 책을 받으면 도둑질입니다. 나를 도둑으로 만들고 가시겠소?"

"그러시담 죄송하구먼유."

"잠시 기다리시오. 여기까지 왔으니 차비는 드려야지요."

회장은 비서한테 뭐라고 일렀다. 그리고 비서가 봉투를 하나 가져다 회장한테 바쳤다.

"책을 거저 준다니 약소하지만 받으시오. 그리고 내일 다른 책을 또 가지고 오시오."

"야, 고맙구먼유."

허당은 회장실을 나오고 경비실을 지나 정거장으로

가서 차를 기다리다 봉투를 열어 보았다.

"어매! 이게 뭐여?"

허당은 입을 딱 벌렸다.

독서놀이

허당은 곳간으로 돌아와 하필이한테 봉투를 내밀었다.

"이거 받으시유."

"봉투가 뭔디?"

하필이 봉투를 받아들고 열어보다가 황소 눈이 되었다.

"이게 뭐여? 3자 뒤에 동그라미가 몇 개나 붙은 겨어?"

"어섯 개가 붙었지유."

"뭘 갖다 줬길래 이런 큰돈을 받아온 겨어?"

"암것도 아니쥬."

하필은 공짜로 부리면서 일은 빡시게 시켰다.

"이층에 주문서 갖다 놓은 거 있응게 책이나 찾아 봐아."

하필은 양심은 있어서 속으로 되뇌었다.

'내가 공짜로 부려먹는 건 아녀어. 아무도 모르게 만들어 놓은 허당 통장이 있으니께……'

하필은 은행문 닫기 전에 달려갔다. 자기 통장에 이백만 원을 넣고 허당 통장에도 백만 원을 입금하고 중얼거렸다.

"다른 날은 7대 3이지만 오늘은 특별히 3대 1이여. 내 통장은 멀잖어 1자 뒤에 동그라미가 100,000,000이 붙을 거어. 흐흐흐 이렇게 좋은 것."

하필이는 통장에 돈 불어나는 것만 생각하면 자다가도 웃음이 나왔다.

'그 꺼벙이 허당이 책을 돈하고 바꾸어오는 재주가 이만저만이 아녀어.'

그렇게 생각하면서도 자기 딸 하우하고 어울리는 것은 질색이었다.

'안 뒈어. 허당인 하우 짝이 아녀어. 하우는 잘난 신랑을 만나야 혀. 내매냥 못생긴 허당은 허당일 뿐이여."

퇴근하여 돌아온 하우가 이층에서 책을 찾고 있는 허당을 발견하고 귀엽고 달콤한 목소리로 불렀다.

"오빠!"

허당은 오빠 소리에 그만 땅바닥에 털썩 주저앉을 뻔했다. 무언가 높은 울타리가 힐리고 옆집 안방이 들여다보이는 듯한 아찔한 감정이 넘쳤다. 하우가 다가와 말했다.

"오빠, 이제부터 재미있는 독서놀이 할까?"

"독서놀이가 뭐여?"

"나는 내가 좋아하는 책에서 내 맘을 퍼다 오빠한테 보내고 오빠도 좋아하는 책에서 오빠 맘을 골라서 내 가슴에 담아주기."

"그게 무슨 소려?"

"예를 들면 내가 좋아하는 책에서 내 말을 담아다 오빠 가슴에다 붓는 거야. 들어볼래? 이런 거……. '가장 큰 악에 속하는 고뇌는 자기를 해석할 수 없는 무지에서 오는 것인가 합니다. 밤이 새도록 심명의 혼란을 완성해 보았습니다. 죄를 죄와 같이 감지할 줄 모르는 저 자신을 붙들고 밤이 다 가도록 아픈 채찍을 가하였습니다. 고해(苦海)의 언덕에서 허덕이는 것이 인생의 운명이라 하오나, 허영과 패덕이 없이 선의 위무만을 동경함에도 무한의 괴로움이 연장되어 있음은 알 길 없는 법칙이옵니다.' 이런 문구가 내 맘이고 오빠 맘에 담고 싶은 맘이야."

허당은 짜릿한 감동을 받았다. 무언가 허우가 허당의 맘을 알아채고 하는 소리 같았기 때문이었다. 그러나 아무 말도 못했다. 하우가 더 알기 쉽게 하려는 듯 이런 말도 했다.

허당은 하우가 또 무슨 말을 하려는가 기다렸다. 하우는 무슨 책을 가지고 그러는지 알 수 없지만 달콤한 문장을 끌어다 읊었다.

"우리는 서로 멀리 있으나, 한 오리 길 위에 있지 않아요? 거기서 저는 허물 많은 여성의 몸을 벗어나 광채 나는 행복을 봅니다. 고독한 즐거움 속에 당신의 음성이 저의 생명을 이끄옵고, 당신의 빛이 처녀의 생로를 밝혀 줍니다."

허당은 하우가 자기 마음을 알고 하는 소리 같다는 생각도 들고, 무어라고 대답할 말이 없어 우물쭈물했다. 하우가 웃으며 물었다.

"오빠, 이런 말 멋지지 않아?"

"……."

"또 말 안 할 거야?"

"아녀, 그 말은 무슨 책에서인지 읽은 적이 있는디 책 이름 기억이 안 나."

"알았어, 아무 생각 말고 내일은 이 곳간 안에서 좋은 책을 골라서 나한테 들려주고 싶은 센텐스를 읽어 줘. 그런 게 책읽기 놀이야."

"그 말은 어디서 들은겨?"

"내가 지어서 한 말."

"그런 머리도 있어?"

"오빠, 나 무시하는 거야?"

"그게 뭔 소려. 하우가 날 무시할까 겁이 나는디."

이때 아래층에서 하필이 불만에 차 짜증난 소리를 질렀다.

"책은 안 찾고 뭔 잔소리들이 그리 많은 겨어? 하우 그만 내려와아. 그리고 허당도 책 다 찾았음 가 봐아."

"야."

그렇게 하여 하루가 가고 이튿날이다. 허당은 고서 두 권에 동화책 두 권을 들고 서울 회장을 찾아갔다. 회장이 있는 빌딩 앞에 이르자 경비원이 쫓아와 친절하게 맞았다.

"어서 오시오. 회장님이 기다리십니다."

"절 기다리신다규?"

"빨리 안으로 드시지요."

허당이 동화책을 내밀면서 말했다.

"고마워유. 이 동화책은 시간 날 때 틈틈이 읽어보시유."

"그냥 주시는 겁니까?"

"야. 거저유. 거저."

"감사합니다. 저를 따라 오시지요."

허당은 경비원의 안내를 받고 회장실로 갔다. 비서도 반가워하면서 맞았다.

"어서 오세요. 회장님이 기다리고 계셨습니다."

"고마워유."

허당이 회장실로 들어서자 회장이 자리에서 일어서서 맞았다. 허당은 황송해서 허리를 푹 숙여 인사를 했다.

"회장님 안녕허셨시유?"

엄숙하게 보이는 회장님은 깜짝 놀랄 충청도 말로 인사를 받았다.

"어서 오시유. 반가워유."

"회장님!"

"왜 그리 놀라신대유?"

"회장님은 사투리가 안 어울리셔유."

"사투리든 뭐든 서로 의사만 통하면 되지 않아유?"

"회장님, 농담도 하실 줄 아시나뷰?"

"사업허는 사람은 농담 몇 개는 맘 개비에 준비혀야 하는 거유."

허당은 회장님의 사투리 솜씨에 놀랐지만 아무렇지도 않은 듯이 책을 내밀었다.

"회장님, 이 책 받으시유."

"고마워유. 여기 앉아서 차나 한잔 하시유."

"회장님, 이러시면 지가 황송혀서 어쩔 줄을 모르것시유."

이때 비서가 차를 들여왔다. 회장이 맞은편 소파에 앉아 차를 권했다.

"이 차 별난 건디 맛있어유, 드셔 보시유."

허당은 차 한 모금을 마시고 놀랐다. 세상에 나서 이렇게 향기롭고 달콤한 차는 처음 마셔보는 것이었다. 그 사이에 비서가 회장한테 봉투를 올렸다. 회장이 받아 허당한테 넘기면서 말했다.

"오늘도 더는 못 주고 이것만 받으시유."

"자꾸 이러시면 제가 솔찬히 불편혀유."

"괜찮여유, 앞으로 우리 친구가 될 텐디 워때유."

허당은 봉투를 받고 들여다보고 백만 원짜리 3장이 들어 있는 것을 확인하고 한 장을 꺼냈다.

"회장님, 이거 도로 받으셔유. 앞으로는 두 장만 받을래유. 더 주시면 안 올래유."

"아니, 한 장 더 달라고 하시는 건가유?"

공짜 병

회장은 속으로 놀랐다. 주는 돈을 되돌려주는 거래는 평생에 한 번도 경험하지 못한 기적이었다. 그렇지만 한 번 더 고집을 부려 보았다.

"내가 주는 대로 받으시는 게 예의여유. 도로 받으세유."

"아녀유. 절대 못 받어유."

회장은 이 욕심 없는 젊은이의 정체가 궁금하여 물었다.

"학교는 어디꺼정 댕겼대유?"

"별로유, 봉담대학이라고 하는디유, 혹시 아시나유?"

"그 대학이라면 유명한 대학인디 알고말고지유. 전공학과는 우떻게 되시나유?"

"심리학을 좀 했지유."

회장은 은근히 놀라며 엉뚱한 제안을 해 보았다.

"마침 잘 되었네유. 우리 그룹에 회사원을 위한 상담실을 하나 마련하려던 참인디 나허고 일해 보지 않으실래유?"(16호에 계속)

심혁창

「아동문학세상」 등단, 장편동화 「투명구두」, 「어린공주」 외 50권, 한국문인협회, 사)한국아동청소년문학협회 회원, 한국크리스천문학상, 국방부장관상, 아름다운글 문학상 수상,
도서출판 한글 대표

명작 읽기

홀로코스트 (15)

"언제?"

"내일 저녁."

"러시아 군이 먼저 도착할지도 모르지."

"그럴 수도 있지."

그러나 모두는 러시아 군이 모두가 철수하기 전에는 도착하지 않으리라는 사실을 분명하게 알고 있었다.

수용소 전체가 벌집처럼 소란스러워졌다. 사람들이 서로 고함을 질러대며 이리 뛰고 저리 뛰었다. 모든 막사에서 여행을 위한 준비가 진행되고 있었다. 엘리위젤은 발이 아프다는 사실도 잊어버렸다. 의사가 들어와 모두에게 알렸다.

"내일, 해가 지자마자 수용소는 비게 될 것입니다. 막사별로 모든 재소자들은 떠나게 됩니다. 그러나 환자 여러분은 철수하지 않고 그대로 남아 있게 될 것입니다."

이 소식에 접한 모두는 여러 가지로 생각하지 않을 수 없었다. 과연 친위대가 수백 명의 재소자들이 병원 막사 안에서 우쭐거리며 해방자들을 기다리게 내버려둘까? 과연 그들이, 시계가 열두 시를 치는 소리를 유대인들이 듣도록 내버려둘까? 절대로 그러지는 않을 것이다.

"모든 환자들을 즉석에서 죽이고 말 거야."

얼굴 없는 환자가 말했다.

"아니면 화장장으로 보내 마지막 화장로에 처넣고 말 거야."

"이 수용소 안에 폭탄장치를 해놓았음에 틀림없어." 하고 다른 환자가 말했다.

"철수가 끝나자마자 폭발하게 되어 있을 거라구."

그러나 엘리위젤은 죽음에 대해서 아무 생각이 없었다. 다만 아버지와 헤어지지 않아야 한다는 생각뿐이었다. 아버지와 엘리위젤은 이미 너무 많은 고통을 함께 겪어 왔고 또 너무 많이도 함께 참아 왔다. 지금은, 아니 아직은 헤어질 때가 아니었다.

엘리위젤은 아버지를 찾으러 밖으로 뛰어나갔다. 하얀 눈이 두껍게 쌓여 있었다. 막사의 창문들은 모두 서리가 끼어 있었다. 엘리위젤은 오른쪽 발에 신을 신을 수가 없었으므로 한 손에 신을 든 채 곧장 눈 위를 뛰어갔다. 통증도 추위도 느낄 수 없었다.

"어떻게 해야 될까요?"

아버지는 아무 말도 하지 않았다.

"아버지, 어떻게 해야 될까요?"

아버지는 깊은 생각에 잠겼다. 선택은 모두 손에 달려 있었다. 이번만은 모두 스스로 모두의 운명을 결정할 수가 있었다. 모두는 둘이 함께 병원에 남을 수도 있었다. 의사에게 부탁하여 아버지를 환자나 간호원으로 병원에 남게 할 수 있었기 때문이다. 그렇지 않으면 다른 재소자들과 함께 떠날 수밖에 없었다.

"아버지 어떻게 할까요. 네?"

아버지는 계속 침묵을 지켰다.

"다른 사람들과 함께 철수해요."

아버지는 대답을 하지 않고 엘리위젤의 발을 내려다보았다.

"걸을 수 있겠니?"

"네, 걸을 수 있어요."

"엘리젤아, 모두 후회하지 않기를 바라자."

전쟁이 끝난 후, 엘리위젤은 병원에 남아 있던 사람들의 운명을 알 수 있었다. 그들은 모두가 철수한 지 이틀 후에 러시아 군에 의해 간단히 해방되었다는 것이다.

엘리위젤은 병원으로 돌아가지 않고 막사로 돌아왔

다. 수술 받은 발의 상처가 벌어져 피가 흘러나왔다. 걸어온 길에 흰 눈이 붉게 물들어 있었다.

내무반장은 재소자들에게 여행에 대비하여 평소 정량의 두 배가 되는 빵과 마가린을 나누어주었다. 또 각자가 갖고 싶은 만큼의 많은 셔츠와 다른 옷가지들을 창고에서 꺼내어 가질 수도 있었다.

날씨는 추웠다. 모두는 잠자리에 들었다.

부나에서의 마지막 밤. 그것은 또 하나의 마지막 밤이었다. 고향에서의 마지막 밤……. 게토에서의 마지막 밤……. 열차에서의 마지막 밤……. 그리고 이제 또 부나에서의 마지막 밤이었다. 모두의 삶은 얼마나 오랫동안 하나의 '마지막 밤'으로부터 또 다른 마지막 밤으로 어렵게 이어지고 했던가?

엘리위젤은 조금도 잠을 이룰 수가 없었다. 하얗게 서리가 낀 창문을 통해 작열하는 빨간 불빛들을 볼 수 있었다. 대포소리가 한밤의 정적을 깨뜨렸다. 러시아군은 얼마나 가까이 왔을까! 그들과 모두 사이에는 하룻밤, 모두의 마지막 하룻밤이 있을 뿐이리라. 침대에서 침대로, 운이 좋다면 모두가 철수하기 전에 러시아군이 이곳으로 들이닥칠지도 모른다는 속삭임이 번지고 있었다. 희망이 되살아나고 있었던 것이다.

누군가 고함을 질렀다.

"자도록 합시다. 여행을 위해 힘을 모아둬요."

이 말을 듣는 순간, 게토에서 어머니가 마지막으로 충고해 주시던 말씀이 뇌리에 떠올랐다.

그러나 엘리위젤은 잠을 이룰 수가 없었다. 오른쪽 발이 불에 타는 듯이 아팠다.

아침이 되자 수용소의 모습이 완전히 변해 있었다. 재소자들의 괴상한 옷차림 때문에 마치 가면무도회와 흡사했다. 모두들 추위를 막기 위해 크고 작은 옷을 겹겹이 껴입고 있었다. 살아 있기보다는 죽은 사람처럼 키보다 더 큰 옷을 걸치고 있는 가련한 약장수들! 죄수복 더미 밖으로 유령 같은 얼굴을 내밀고 있는 초라한 어릿광대들! 광대들!

엘리위젤은 더 큰 구두를 찾으려고 애를 썼지만 끝내 찾지 못했다. 담요를 한 장 찢어 상처 난 발에 칭칭 감았다. 그렇게 하고서 수용소 안을 돌아다니며 빵과 감자를 몇 조각이라도 더 찾아보았다. 어떤 사람들은 모두가 체코슬로바키아로 이송될 것이라고 말했다. 또 다른 사람들은 그로스 로젠이라고 말했다. 아니, 글라이비츠라구, 아니야, 아니야······.

오후 2시. 여전히 진눈깨비가 내리고 있었다.

시간은 점점 빨리 지나갔다. 땅거미가 지고 한낮이 단조로운 잿빛 속으로 사라져 갔다.

내무반장이 불현듯 막사의 청소를 잊어버린 사실을 기억하고는, 네 사람에게 마룻바닥을 쓸어낼 것을 명령했다. 수용소를 떠나기 한 시간 전의 청소……. 무엇 때문에? 누구를 위해서?

"해방군을 위해서!"라고 내무반장은 큰 소리로 말했다. "이곳이 돼지가 아니라 사람이 살던 곳이라는 것을 그들이 알도록 하기 위해서야."

그럼, 재소자 모두가 사람이었단 말인가? 막사는 꼭대기부터 맨바닥까지 구석구석 말끔히 청소되었다.

여섯 시에 종이 울렸다. 종소리는 장송곡처럼, 조종처럼 울렸다. 이제 행렬은 출발 직전에 있었다.

"정렬해! 빨리!"

잠깐 사이에 재소자들은 모두 막사별로 줄을 섰다. 밤이 되었다. 모든 일이 계획에 따라 질서 있게 진행되었다. 탐조등이 비쳐졌다. 무장한 수백 명의 친위대원들이 개들을 데리고 어둠 속에서 모습을 드러냈다. 눈발은 조금도 멈추지 않고 있었다.

수용소의 정문이 열렸다. 수용소의 바깥 저쪽에서는 지금보다 더욱 어두운 밤이 모두를 기다리고 있는 것 같았다.

1번 막사의 재소자로부터 행군은 시작되었다. 모두는 기다렸다. 모두는 바로 앞의 56번 막사가 출발할 때까지 기다려야 했다. 날씨는 아주 추웠다. 호주머니에는 빵이 두 쪽 들어 있었다. 그것을 먹을 수 있었으면 얼마나 좋으랴? 그러나 먹을 수 없었다. 아직은 참아야 한다.

차례가 다가오고 있었다. 53번 막사……. 55번 막사……. 57번 막사, 앞으로 갓!

눈발은 무진장으로 쏟아지고 있었다.

시체 더미에서 잠과 투쟁

얼음장처럼 차가운 돌풍이 휘몰아쳤다. 그러나 모두는 조금도 멈추지 않고 행군을 계속했다. 친위대원들이 모두의 행군 속도를 간단없이 재촉했다.

"더 빨리, 이 돼지새끼들아! 이 더러운 개새끼들아!"

모두는 왜 빨리 가고 싶지 않겠는가? 행군과 같은 운동은 조금이나마 몸을 따뜻하게 해주니까. 혈관 속의 피도 더 잘 통했다. 모두는 원기가 회복되는 것을 느낄 수 있었다…….

"더 빨리, 이 더러운 개새끼들아!"

이제 모두는 행군을 하는 것이 아니라 자동인형처럼

달려가고 있었다. 친위대원들 역시 무기를 손에 든 채 뛰고 있었다. 모두는 마치 그들 앞에서 도망치고 있는 것처럼 보였다.

칠흑의 밤, 때때로 밤의 어둠을 뚫고 폭음이 들려왔다. 친위대원들은 행군을 따라오지 못하는 사람은 누구나 사살하라는 명령을 받고 있었다. 그들은 손가락으로 방아쇠를 당기는 즐거움을 버리지 못했다. 그 가운데서 누구라도 1초만 멈추어도 날카로운 총성이 또 하나의 '더러운 개새끼'의 생명을 끝내주는 것이었다.

엘리위젤은 한쪽 발을 다른 쪽 발 앞에 기계적으로 내밀고 있었다. 무겁디무거운 해골 같은 육신을 끌고 갔다. 그 육신의 무게에서 벗어날 수만 있다면! 그런 생각은 하지 않으려고 애를 썼지만, 자신이 육신과 나라는 두 개의 실체로 느껴지는 것을 어찌할 수가 없었다. 그것이 싫었다.

엘리위젤은 자신에게 거듭거듭 타일렀다.

'생각하지 마라. 멈추지 마라. 뛰어라.'

가까이에서 달리던 사람들이 더러운 눈 속에 주저앉고는 했다. 그때마다 총성이 울렸다. 엘리위젤 곁에서는 잘만이라고 부르는 폴란드 출신의 소년이 행군하고 있었다. 그는 부나에서는 전기부품 창고의 일을 했었다. 사람들은 그가 항상 기도를 하거나 〈탈무드〉의 어떤 문제에 대해서 명상하는 것을 보고는 웃음거리로 삼았다.

그러나 그가 그렇게 하는 것은 매질 따위에 마음을 쓰지 않고 참혹한 현실에서 도피할 수 있는 하나의 방법이었다. 그런 그가 갑자기 위경련을 일으킨 것이다.

"배가 아파."

그가 엘리위젤에게 귓엣말을 했다. 그는 계속 뛸 수가 없었다. 잠시 쉬어야만 했다. 엘리위젤은 그에게 간청했다.

"조금만 참아. 모두 곧 멈추게 될 거야. 이런 식으로 세상 끝까지 뛰어갈 수는 없을 테니까."

그러나 그는 계속 뛰면서 더 이상 참을 수 없다는 듯이 단추를 풀기 시작했다. 그러면서 울먹였다.

"더 이상 못 가겠어. 위장이 터지고 있어……."

"참으려고 노력해봐, 잘만……. 노력해 봐……."

"난 할 수가 없어……."

그는 신음했다. 그의 바지가 흘러내렸다. 그와 함께 잘만은 그 자리에 주저앉고 말았다. 그것이 엘리위젤이 그를 본 마지막 모습이었다. 그를 죽인 것이 친위대원이라고는 생각지 않았다. 왜냐하면 어느 누구도 그 사실을 알 수 없기 때문이다. 그는 모두의 뒤를 따라오는 수천 명의 발길에 짓밟혀 죽었음에 틀림없다.

엘리위젤은 금방 그를 잊어버렸다. 그리고 다시 자신에 대해서 생각하기 시작했다. 상처를 입은 오른발의 통증 때문에 한 발자국 옮겨놓을 때마다 온몸이 떨렸다. '몇 야드만 더 가면,' 하고 생각했다.

'앞으로 몇 야드만 가면 끝장나고 말 것이다. 나는 풀썩 쓰러지게 될 것이다. 그러면 빨간 불꽃을 내뿜으며 총성이 한 방 울리겠지. 그러고는 끝장나는 것이다.'

죽음이 온몸을 칭칭 휘감으며 질식할 때까지 옥죄여 오고 있었다. 죽음은 엘리위젤에게 달라붙었고 그는 그것을 손으로 감지할 수 있을 것만 같았다. 죽어가고 있다는 생각이, 이제는 더 이상 살아 있지 않다는 생각이 사뭇 매혹하기 시작했다. 더 이상 생존하지 않는다는 것은 소름끼치는 발의 통증을 더 이상 느끼지 않아도 된다는 것을 의미했다.

죽으면 피로나 추위 따위는 그 어느 것도 전혀 느끼지 않게 되는 것이다. 대열에서 이탈하여 길가로 빠져나가는 일만 남아 있을 뿐······.

다만, 아버지의 존재만이 죽으려는 그의 행동에 제동을 걸고 있었······. 아버지는 바로 그 옆에서 뛰어가고 있었다. 아버지는 숨이 차고 기진맥진하여 어찌할 바를 모르고 있는 모습이었다. 엘리위젤에게는 스스로 목숨을 끊을 권리가 없었다. 엘리위젤이 없다면 아버지는 어떻게 될 것인가? 그는 아버지가 의지할 수 있는 단 하나의 핏줄이 아닌가.

지극히 짧은 순간에 불과했지만, 이런 생각을 하고 있는 동안 발의 통증도 느끼지 못하고 달리고 있었다. 아니, 달리고 있다는 사실, 자신의 육신을 지닌 채 수천 명의 집단 속에 끼어 질주하고 있다는 사실 자체도 의식하지 못한 가운데 계속 달리고 있었다.

다시 제 정신으로 돌아왔을 때, 엘리위젤은 보조를 늦추려고 애를 썼다. 그러나 늦출 방도가 없었다. 까딱 잘못했다가는 엄청난 파도 같은 인간의 물결이 덮쳐와 한 마리의 개미 새끼처럼 짓이겨 버리고 말 터였다.

어느 사이엔지 스르르 졸음이 쏟아져 왔다. 엘리위젤은 눈을 감은 채 졸면서 달려가기로 작정했다. 가끔 뒤쪽에서 누군가가 난폭하게 밀어붙일 때면 퍼뜩 눈을 뜨고는 했다. 어떤 사람은 또 이렇게 고함을 지르기도 했다. (16호에 계속)

특정장애 치유 (1)

영혼을 구원하는 사람

최향섭

 가정형편이 어려워 공부를 제대로 하지 못한 소년이 밥이나 굶지 않기 위해 어린 나이에 기계공작소에 취직하게 되었다.

 자기 몸과 마음밖에 믿을 것이 없는 그는 십여 년 동안을 공장에서 숙식을 하며 피눈물 나는 노력을 한 결과 그 분야에서 제일가는 전문기술자가 되었다.

 이제 대우도 높아지고 소원도 이루어졌으므로 자부심도 생기고 부러울 게 없었다. 그렇게 꿈에 부풀던 어느 날 엄청난 사고가 일어났다. 갑자기 기계가 넘어지는 바람에 그는 그만 팔다리를 모두 잃게 되었다.

 한 순간에 장애인이 된 그는 피땀으로 익힌 기술도 쓸 수 없게 되었으니 삶의 의지를 잃고 죽어버리는 수밖에 없다고 생각하였다.

 그러나 팔다리가 없으니 마음대로 죽을 수도 없는 처지가 되었다. 그는 날마다 사는 것이 괴롭고 원망스러웠다. 그 때 그를 찾아온 신부가 마치 자신의 팔다리를 잃은 것처럼 눈물을 흘리며 자기를 위해 기도를 해

주었다. 그러면서

"당신은 더 중요한 일에 꼭 쓰일 것입니다. 당신을 버리려 했다면 왜 정신을 온전히 두셨겠습니까? 당신만이 할 수 있는 일이 꼭 있을 것이니 기도하며 그 때를 기다리십시오."

하는 말을 하였다. 그리고 어느 날 어떤 건장한 청년이 그의 방으로 들어왔다. 말을 들어보니 말썽이 많아서 학교에서도 구제 불능으로 낙인찍힌 학생으로서 사회봉사 명령을 받고 억지로 끌려온 것이었다.

학생은 마치 통나무에 머리만 달린 것 같은 사람을 보자 섬뜩해서 어쩔 줄을 몰라 했다. 학생은 그 장애인을 목욕을 시키면서

"아저씨는 왜 삽니까?"

하고 퉁명스럽게 물었다. 그러자 장애인 입에서 벼락같은 소리가 떨어졌다.

"이놈아, 너 같은 놈 때문에 산다. 사지가 멀쩡한 놈이 어쩌자고 제 몫도 못하고 말썽만 피우며 남 원망이나 하고 괴롭히느냐?"

의외의 당찬 목소리에 학생은 그만 깜짝 놀라 손에 들고 있던 비누를 놓치고 말았다. 순간 온 몸이 감전되듯 떨리며 정신이 번쩍 듦과 동시에 큰 감명을 받았다.

'나는 사지가 멀쩡하다. 이 건장한 몸이 얼마나 고맙고 감사한가!'

학생은 그날 밤 그 동안 가정과 학교에서 불평 불만 하던 것이 다 자기 잘못이라는 것을 깨달았다. 그리고 다음 날 그 장애인을 찾아가 자기의 잘못을 고백하고 새사람이 되었다.

그 후 지금은 다른 사람이 손 댈 수 없는 사람의 영혼을 구원하는 사람이 되었다.

최향섭

경기 안성 출생
특수교육전문가(특수교육기관 35년 경력)
국립한국우진학교 초대 교장(중증장애학교)
교육부 연구관 장학관 편수관
삼육대학교 외래교수
시인. 동화작가. 자생식물 연구가

일반 상식

세계적인 유명 인물 나이

세계적인 인물과 자기 나이 비교해 보기

이름	나이	이름	나이	이름	나이
공 자	73세,	윤 봉 길	25세,	존 로크	72세,
예 수	33세,	신 채 호	57세,	조지워싱턴	67세,
맹 자	84세,	서 재 필	87세,	링 컨	56세,
석 가	80세,	안 중 근	32세,	토마스제퍼슨	83세,
소크라테스	70세,	김 규 식	69세,	컬럼버스	55세,
원효대사	63세,	이 승 만	90세,	베에토벤	57세,
김 유 신	78세,	박 정 희	62세,	에 디 슨	84세,
김 부 식	76세,	김 종 필	92세,	케 네 디	46세,
김 춘 추	60세,	김 대 중	85세,	셰익스피어	52세,
강 감 찬	84세,	김 영 삼	88세,	톨스토이	82세,
광개토대왕	39세,	노 무 현	62세,	웨 슬 레	88세,
정 몽 주	55세,	이 동 휘	65세,	록펠러 1세	98세,
정 도 전	56세,	윤 치 호	80세,	칼 빈	54세,
성 삼 문	39세,	신 채 호	56세,	간 디	78세,
신 숙 주	48세,	주 시 경	38세,	괴 테	83세,
김 시 습	59세,	조 만 식	67세,	카 네 기	84세,
맹 사 성	78세,	신 익 희	62세,	갈릴레이	78세,
이 순 신	54세,	손 병 희	61세,	프로이트	83세,
유 성 룡	65세,	한 용 운	65세,	칸 트	80세,
김 삿 갓	56세,	김 옥 균	43세,	다 윈	71세,
조 광 조	38세,	조 병 옥	66세,	아인슈타인	76세,
신사임당	47세,	안 중 근	31세,	만 델 라	95세,
이 율 곡	47세,	김 대 건	25세,	나이팅게일	90세,
정 약 용	74세,	최 남 선	67세,	루즈벨트	63세,
정 약 전	58세,	장 영 실	65세,	푸 쉬 킨	38세,
윤 선 도	84세,	소 순	67세,	조지댄치그	91세,
백사 이항복	62세,	이 백	61세,	버나드 쇼	94세,
추사 김정희	70세,	길 재	66세,	테레사	87세,

송 시 열 82세,	이 상 26세,	빌리브란트 79세,
전 봉 준 40세,	세 종 53세,	트루먼 88세,
윤 동 주 28세,	영 조 83세,	아이젠하워 78세,
안 창 호 60세,	정 조 48세,	무하마드알리 74세,
우당 이회영 65세,	허 준 76세,	피에르가르뎅 98세,
홍 범 도 75세,	허 균 49세,	매컬러프 89세,
김 좌 진 41세,	권 율 62세,	중국 노신 56세,
유 관 순 18세,	하 륜 69세,	아놀드인비 89세,
김수환추기경 86세,	서 희 56세,	마틴 루터 킹 39세,
김창열 화백 92세,	마키아벨리 58세,	지그 지글라 86세,
성철 스님 81세,	루 소 66세,	알랭 들롱 88세,
미당 서정주 85세,	멘 델 62세,	토스토에프스키 60세,
황 희 정승 89세,	모차르트 45세,	엘리자베스2세 96세,
소 동 파 67세,	슈바이처 90세,	헨리 키신저 100세,
구 양 수 65세,	윈스턴처칠 91세,	중여류작가양장 105세,
	암스트롱 82세,	김 구 73세,

옛날 사람들 나이에 비하면 우리는 장수하고 있다.

독일 민요에 / 나는 살고 있다. 그러나 나의 목숨의 길이는 모른다. 얼마나 오래 살았느냐가 중요한 것이 아니라 어떻게 살았느냐가 중요하고, 몇 살인가가 중요한 게 아니라, 올바르게 살았는지가 중요하다.

고희 70이 넘으면 많은 사람이 추하게 늙고 싶진 않다고 한다. 하지만 현실은 소망과는 다르다. 나이가 들어가면서 나도 모르게 눈이 침침, 말하기 우둔, 손발 어설픔, 기억력 깜박, 철봉 턱거리 불가, 나만 그런 줄 알았는데 남들도 그렇다 하니 사람은 다 건강하다고 자랑해도 도토리 키 재기다.

역차별

우대받는 화교와 불쌍한 우리 국민

내 고등학교 친구 중 하나로 아버지가 화교이고 어머니는 중국인이다. 그 친구를 뒤에서 이렇게 얘기해서 미안하지만, 그 친구의 가족 얘기를 들으면 솔직히 대한민국에서 태어나고 자란 내가 얼마나 역차별을 당하고 있는지 느끼게 된다.

우리는 그냥 일반 인문계 고등학교에서 만났다. 그 친구는 고3 학창시절 반에서 10등 정도였고, 전교로 치면 90등 수준이었다. 우리 학교에서 그 정도 성적이면 3등급 내외로 지방 국립대 기계과를 가기도 벅찬 수준이었다. 하지만 그 친구는 외국인 특별 전형으로 우석대 한의대에 입학했다.

그게 다가 아니다. 그 친구의 형은 경희대 의대에, 누나는 이대 약대에 입학했다고 한다. 당시에는 이 소식을 듣고 말이 안 된다고 생각했었다. 그런데 실제로 각 형제들은 위 대학에 입학을 했고, 멋들어지게 자랑하듯 카톡 사진들 바꾸는 걸 보며 사실이었다는 걸 알게 됐다.

지금도 다른 학교들은 외국인 특별 전형을 글로벌 인재 특별 전형 등으로 더 늘려놓고 있다. 정원이 다 차면 화교들만 특별히 추가로 정원 외로 받고도 있는 실정이다. 그 화교 친구와는 지금도 가끔 연락을 한다.

몇 년 전에 들은 얘기인데, 판교 아파트 분양권을 우선순위로 받아서 6억 정도에 분양받았다고 한다. 지금 그 아파트 가격은 현재 15억을 넘는다.

그 집안이 국가유공자도 아니고 극빈층도 아닌데, 이런 혜택을 받는 걸 보면 정말 어이가 없었다. 왜 이렇게 인생이 술술 풀리는 거지라고 생각되며 배가 아프기도 했다.

심지어 그 친구는 군대도 안 갔다. 자기는 중국인이니 굳이 군대를 갈 필요가 없고 법적으로 인정된다고 하더라. 분양할 때는 억울했던 게 대출 제한도 없고, 혜택이란 혜택은 다 누리며 살아가는 모습을 보면 내가 대한민국 국민이라는 사실이 부끄러울 정도였다.

그 화교 아버지가 적당한 무역업을 해서서 집안 자체가 돈도 꽤 있는 편인데, 왜 굳이 우리나라 국민이 누려야 할 혜택까지 가져가는 걸까 하는 의문이 들었다. 귀화는 언제 할 거냐고 물으니 자신은 동의만 하면 언제든 한국인이 될 수 있지만 그러지 않을 거라고 했다. 그 마음은 공감이 갔다. 이 모든 혜택들을 내 자녀들도 누릴 수 있는데 왜 화교라는 사회적 지위를 포기하겠는가. 정말로 똑똑한 친구라 한의대를 스스로 쟁취했다면 모르겠지만, 그게 아닌 실정을 내 눈으로 보았기에 정말로 이건 아니다 라는 생각이 들었다. 이는 수치적으로도 알 수 있다.

화교경제인협회가 60만 명 회원들의 직종을 분석한 결과를 보면, 약 15여 년 전만 해도 화교 사회에서 50% 넘게 차지하던 중국 음식점은 점점 감소하여 2023년 말 기준으로 음식점은 단지 22.4%에 불과했다. 반면, 의약업은 15년 전 당시 1.2%에서 27.7%로 증가하며, 중국 음식점보다 가장 큰 비중을 차지하게 되었다. 이는 최근 이상한 이름의 약사들이 넘쳐나는 이유이다.

화교들이 음식점 다음으로 즐겨하던 무역·상업은 19.7%로 감소했으며, 여행사는 3.9%, 정보통신은 2.6%에 불과하다. 의약업의 비중은 다른 직종들과 비교할 수 없을 정도로 높다.

특례 입학 제도가 이러한 변화의 중요한 기반이 되었음은 분명하다. 대한민국의 의료 및 약학 분야는 높은 경쟁률과 뛰어난 실력이 요구되는 분야로, 화교 사회가 이를 대거 차지하게 된 데에는 외국인 특별 전형과 같은 제도의 영향이 크다. 이는 단순히 개인의 노력과 자질로 설명할 수 없는 구조적 문제를 내포하고 있다.

나는 이런 일이 그 친구 가족만의 이야기가 아니라고 생각한다. 대한민국은 화교와 조선족들에게 너무 많은 특혜를 준다. 외국인 특별 전형이라는 이름으로 입시의 문턱을 낮춰주고, 다양한 부동산 혜택과 금융상의 편의를 제공하며, 심지어 군 복무도 면제해 준다.

이런 혜택을 받는 사람들이 우리나라 국민보다 더 나은 삶을 살고 있다. 나는 이런 현실이 잘못됐다고 생각한다. 왜냐하면 대한민국 국민은 그 모든 혜택을 누리기 위해 평생을 고생하며 살아가고 있지만, 외국 국적을 가진 이들은 그저 특별 전형 하나로 기득권에 쉽게 들어가고 있기 때문이다.

우리나라는 화교들에게 대학, 직업, 주택 등 안 주는 게 없다. 화교들은 특히 이름만큼은 중국 전통 방식을 고집한다. 여전히 전통 이름을 유지하고 있기에, 아직까지는 주변에서 화교를 어느 정도 구분할 수 있을 수도 있다. 우리는 명단이 공개되지 않는 모든 것들을 의심해야 한다. 그래서 그들이 어디까지 영향을 미치는

지, 어떤 권력을 가지고 있는지 알기가 어렵다.

그들은 한국어를 유창하게 구사하며 한국 사회에 완벽히 스며들어 있다. 그런데도 중국 국적을 유지하며 우리나라의 다양한 혜택을 마음껏 누린다.

이것이 단순한 한 개인의 문제가 아니라, 어떤 특정한 정치적 설계의 결과가 아닐까 의심이 든다. 대한민국의 특정 정당은 오래 전부터 차근차근 화교들이 이 나라를 주무를 수 있도록 기반을 마련해 준 것 같다.

이것은 단순한 역차별을 넘어선, 대한민국 국민의 자존심을 짓밟는 행위다. 나는 이런 시스템이 하루빨리 바뀌어야 한다고 생각한다. 화교와 조선족들이 이 나라의 국민들 위에서 군림하도록 방치해서는 안 된다.

그들이 우리의 혜택을 빼앗아가고 우리의 기회를 박탈하는 것을 더 이상 두고 볼 수 없다. 이쯤 되면 정상적인 한국인들은 왜 이렇게 화교에 대해 지원을 많이 해주는지 의문을 가질 것이다. 경상도, 전라도, 수도권 등 지역을 막론하고, "아니, 이게 왜 이렇게 돌아가지?" 하며 궁금해 할 수밖에 없다. 이 질문에 대한 답은 단 하나다.

화교들은 경상도, 전라도, 서울 등의 지역적 구분을 넘어 대한민국을 경멸하고 있다. 그들의 정체성은 대한민국 땅에서 중국 국적을 유지하며 살아가는 외국인으로, 대한민국의 발전을 바라지 않는다는 것이다.

화교들은 대한민국이 승승장구하는 모습을 용납할 수 없다. 이들은 전문직과 요직을 차지하도록 서로 돕고 있으며, 이를 통해 대한민국 내부의 균열을 유도하고 있다. 그들이 이렇게 행동하는 이유는 명백하다. 대한민국을 내부에서 분열시키는 것이 외부에서 공격하거나 견제하는 것보다 훨씬 효율적이기 때문이다.

특히 정치와 언론은 이들을 위해 가장 효과적인 방식으로 작동하고 있다. 극단적인 자살률과 출산율은 이미 그들의 계획대로 척척 진행되고 있다는 이야기이다.

대한민국이 내부에서 갈등과 혼란으로 무너진다면, 외부 세력에게는 더할 나위 없이 좋은 기회가 된다. 이런 맥락에서 화교들이 누리고 있는 특혜와 그들의 사회적 위치는 단순한 개인적 성공이나 공동체 내부 문제를 넘어선다.

이는 대한민국의 안정과 발전을 저해하는 구조적 문제로 이어지고 있다. 우리는 대한민국의 성장을 방해하고 내부에서 분열을 조장하는 세력이 누구인지 명확히 알아야 한다. 이러한 행동이 어떤 결과를 초래하는지, 그리고 이를 방관할 경우 어떤 미래가 기다리고 있는

지 깊이 고민해야 한다.

　답은 이미 나와 있다. 우리의 길을 막아서는 세력을 직시하고, 이를 바로잡아야 한다.

　화교들은 혜택을 늘리고 계속 명단 공개 등은 거부하며 한국인들 사이로 숨으려고 할 것이다. 우리는 이들을 색출하여 최소한 대한민국 국민과 평등한 지점에서 시작하게 해야 할 것이다.

　위정자들의 잘못 정책으로 인하여 망해가는 나라꼴은 피를 토할 일이다. (카톡에 올라 받은 절실한 글)

톨스토이의

마지막 시詩와 영혼의 여정

"나 이제 가노라,
나의 시간이 다 하였노라.

땅은 나를 돌려보내고
하늘은 나를 불러 이끄노라.

많은 것을 보았고,
더 많은 것을 알지 못했으며,

사랑을 알았고, 진리를 향해 걸었노라.
모든 것을 버리고
이제는 모든 것을 품으러 가노라.

죽음이여,
너는 나의 문이로다.
영원한 생명의 문이로다."

이 詩는 톨스토이가 마지막 남긴 詩로써 초고, 편지, 일기의 여러 구절들을 엮어 만든 것으로 보인다.

이 짧은 詩는 인생의 마지막 문턱에 선 레프 톨스토이의 영혼이 세상과 나누는 마지막 인사처럼 들린다. 부와 명예, 문학적 명성을 한 손에 거머쥐었던 한 인간이 모든 것을 내려놓고 "사랑을 알았고, 진리를 향해 걸었노라"고 말할 수 있다는 것. 그 여정은 어떻게 가능했을까?

귀족에서 구도자로 레프 톨스토이는 러시아의 대지주 집안에서 태어나, 부와 교육, 문학적 성공을 일찍이 경험했다.

『전쟁과 평화』, 『안나 카레니나』는 그를 세계적인 문호의 반열에 올려놓았지만, 그는 어느 순간 깊은 허무와 절망에 빠진다. "나는 왜 사는가? 죽음 이후에는 무엇이 있는가?"라는 물음이 그의 삶을 송두리째 흔들었다.

이 치열한 내적 고뇌는 『참회록:(Confession)』이라는 작품으로 남았고, 그 책에서 그는 신앙 없는 삶의 무의미함을 고백한다.

톨스토이는 교회가 아닌, 예수 그리스도의 말씀이 담긴 성서, 특히 산상수훈에서 삶의 지표를 찾는다. 그리고 모든 것을 뒤로한 채 진리의 길을 걷기 시작한다.

왜 예수를 찾았는가?

그가 만난 예수는 기적을 일으키는 신이 아니라, "왼뺨을 때리거든 오른뺨도 돌려대라"고 말하며, "악을 악으로 갚지 말라"고 가르치는 사람이었다.

톨스토이는 그런 예수에게서 사랑과 용서, 무저항과 평화의 윤리를 보았다.

그는 말한다.

"나는 예수의 가르침이야말로 인간 존재가 도달할 수 있는 최고 진리라고 확신하게 되었다."

그래서 그는 귀족의 옷을 벗고, 수공 일을 배우며, 마차 대신 맨발로 걷고, 가난한 자와 함께 밭을 갈았다.

그리스도의 가르침을 글로 옮겨,《사람은 무엇으로 사는가?》와 같은 작품을 통해 전하고자 했다. 행함 없는 신앙은 죽은 것이라는 믿음이 그를 행동하게 했다.

마지막 선택!
마지막 詩!

죽음이 가까워졌을 무렵, 그는 결국 가족과도 떨어

져 한밤중 몰래 기차를 타고 수도원으로 향하는 길에 나섰다. 세속과 결별하기 위함이었다. 그러나 병이 악화되어 기차역에서 쓰러졌고, 한 작은 간이역에서 생을 마감하게 된다.

그의 유언처럼 전해지는 이 마지막 詩는, 고통과 갈등의 세월 끝에 마침내 얻은 평화의 숨결처럼 느껴진다.

"모든 것을 버리고 / 이제는 모든 것을 품으러 가노라"는 말은, 단지 죽음을 향한 선언이 아니라 영혼이 지향하던 완성이었다.

우리에게 남긴 것!

톨스토이의 마지막은 끝이 아닌 완성이었다.

그는 위대한 작가로 기억되기보다, 진리를 추구한 한 인간으로 살고자 했다. 그의 삶은 이렇게 묻는다.

"당신은 무엇을 위해 버릴 수 있는가? 당신은 누구를 위해 사랑할 수 있는가?"

우리도 언젠가 이 세상을 떠나야 한다. 그날, "나는 진리를 향해 걸었다"고 말할 수 있으려면,

지금 이 순간부터 걸음을 다시 내디뎌야 하지 않을까. 〈받은 글〉

아름다운 나비 효과

 검은 콩 한 말과 흰 콩 한 말을 섞는 것은 한 순간이지만, 다시 원래대로 구분 하려면 한나절이 걸려도 부족합니다.

 신뢰를 쌓는 데는 여러 해가 걸려도, 무너지는 것은 한순간입니다. 우리는 하루에도 많은 사람들을 만나 수많은 말을 합니다. 말은 주의해서 다루지 않으면, 서로에게 상처를 남길 수 있습니다.

 특히 화가 나서 상대방의 마음을 해치지 않도록, 요리사가 칼을 대하듯 주의해야 합니다. 내 마음의 그릇에 좋은 마음과 좋은 생각을 담는다면, 말 또는 글로써 공든 탑이 무너지는 일은 없습니다.

 이와 관련된 일화를 소개합니다.

 어느 아파트 근처에 있는 세탁소에서 화재가 발생했습니다. 불은 세탁소 전부를 태웠고, 며칠이 지난 후 아파트 벽보에는 '사과문' 하나가 붙었습니다. 사과문에는 "화재로 옷이 모두 타서 너무 너무 죄송하다."는 이야기와 "옷을 맡기신 분들은 옷 종류와 수량을 신고해 달라"는 내용이 적혀 있었습니다.

 공고가 붙은 후, 한 주민이 공고문 아래에 글을 적

고 갔습니다. 당연히 옷 종류와 수량을 적어 놓은 글인 줄 알았지만 뜻밖에도 그런 글이 아니었습니다.

"아저씨! 저는 양복이 한 벌 뿐이지만 보상 받지 않겠습니다. 그 많은 옷에 대해 어떻게 변상을 하시겠습니까? 용기를 내세요."

그 주민 말 한 마디에 아파트 주민들이 자진해서 속속 배상을 받지 않겠다고 나서기 시작했습니다. 그런 글이 공고문 여백을 빼곡히 채워 갔습니다. 그 후 누군가 금일봉을 전했고, 금일봉이 전달된 사실이 알려지자 또 다른 누군가도 또 다른 누군가도 도움의 손길을 보냈습니다.

얼마 뒤 아파트 벽보에 또 한 장의 종이가 붙었습니다. 다름 아닌 세탁소 주인의 '감사문'이었습니다.

"주민 여러분! 너무 너무 감사합니다! 월남전에서 벌어온 돈으로 어렵게 일궈온 삶이었는데, 한순간에 모두 잃고 말았습니다. 하지만 여러분의 따뜻한 사랑이 저와 제 가족의 삶에 새로운 희망을 주셨습니다. 손님 여러분들의 사랑과 배려로 저는 다시 일어설 수 있는 힘과 용기를 갖게 되었습니다. 깊이 감사드리며 주신 은혜에 꼭 보답하겠습니다."

나비의 날갯짓처럼 작은 변화가 폭풍우와 같은 커다란 변화를 유발시키는 현상을 '나비효과'라고 합니다.

나비효과처럼 혼자만의 작은 선행과 배려로 시작된 일이, 세상 전체를 움직이고 변화시킬 만큼 큰 힘을 가질 수도 있습니다. 희망이 없는 사람도 가진 것이 적은 사람도 그 힘을 가질 수 있습니다.

2,000년 전 화산재에 덮였던 폼페이는 원래 5만 여 명이 살던 작은 도시였다. 비세바우스 산의 대폭발이 있기 전 화산 재가 조금씩 뿜어져 나오는 며칠 동안 노예와 가난한 시민들은 서둘러 피난을 떠났다.

결국 파묻힌 2,000여 명은 귀족들과 돈 많은 상인들이었다. 돈과 권력, 명예로 배부른 사람들은 마지막까지 자기의 저택을 지키려다가 결국 모든 것을 잃어 버렸다.

태풍에 뿌리가 뽑히는 것은
큰 나무이지 잡초가 아니다.

자신이 일등이라고 생각 한다면
먼저 이것을 기억해야 한다.
우리는 모두 지구별에 놀러 온,
여행객들이라는 사실 말이다.
이곳에서 소풍을 끝내는 날 먼 길을 떠나야 한다.
여행이 즐거우려면 세 가지 조건이 맞아야 한다.
첫째, 짐이 가벼워야 한다
둘째, 동행자가 좋아야 한다
셋째, 돌아갈 집이 있어야 한다

이 세상 모든 것들은 여기 사는 동안 잠시 빌려 쓰는 것이다. 여행 간 호텔에서의 치약 같은 것이다. 우리가 죽는 줄을 알아야 올바르게 살 수 있다.

세상에는 없는 게 3가지가 있는데~

1. 정답이 없다.
2. 비밀이 없다.
3. 공짜가 없다.

죽음에 대해 분명히 알고 있는 것 3가지가 있는데~

1. 사람은 분명히 죽는다.
2. 나 혼자서 죽는다.
3. 아무것도 가지고 갈 수 없다.

그리고 죽음에 대해 모르는 것 3가지 있다.

1. 언제 죽을지 모른다.
2. 어디서 죽을지 모른다.
3. 어떻게 죽을지 모른다.

그래서 항상 준비하고 있어야 한다. 모든 사람이 낳아지는 방법은 거의 비슷하지만, 죽는 방법은 천차만별하다. 그래서 인간의 평가는 태어나는 것보다 죽는 것으로 결정된다.

내가 세상에 올 땐 나는 울었고,
내 주위의 모든 이들은 웃었다.

내가 세상을 떠나갈 땐 모든 사람들이 우는 가운데 웃으며 홀홀히 떠나가자. (- 故 김수환 스테파노 추기경-)

외래어 (8)

많이 쓰이는 외래어(매회 보완)

이 경 택

가스라이팅(gaslighting)=뛰어난 설득을 통해 타인 마음에 스스로 의심을 불러일으키고 현실감과 판단력을 잃게 만듦으로써 그 사람에게 지배력을 행사하는 것

갈라쇼(gala show)=기념이나 축하하기 위해 여는 공연

갤러리(gallery)=미술품을 진열, 전시하고 판매하는 장소, 또는 골프 경기장에서 경기를 구경하는 사람

갭(gap)=틈, 간격, 공백, 차이, 격차

거버넌스(governance)=민관협력 관리, 통치

걸 크러쉬(girl crush)=여성이 같은 여성의 매력에 빠져 동경하는 현상

그라데이션(gradation)=하나의 색상을 다른 색상으로 점차 변화시키는 효과, 색의 계층

그래피티(graffiti)=길거리 그림, 길거리의 벽에 붓이나 스프레이 페인트를 이용해 그리는 그림

그루밍(grooming)=화장, 털손질, 손톱 손질 등 몸을 치장하는.

글로벌 쏘싱(global sourcing)= 세계적으로 싼 부품을 조합하여 생산단가 절약

내비게이션(navigation)=① (선박, 항공기의)조종, 항해 ② 오늘날(자동차 지도 정보 용어로 쓰임)

노멀 크러쉬(nomal crush)=소박이 행복하다고 느끼는 정서

노블레스 오블리주(noblesse oblige)=지도층 인사들에게 요구되는 도덕적 의무

노스탤지어(nostalgia)=지난 날에 대한 그리움이나 향수

뉴트로(new+retro〉〉newtro)=새로움과 복고의 합성어로 새롭게 유행하는 복고풍 현상

님비(NIMBY. not in my backyard)현상=지역 이기주의 현상(혐오시설 기피 등)

더치 페이(dutch pay)=비용을 각자 부담하는 것을 이르는 말

더티 플레이(dirty play)=속임수 따위를 부리며 정정당당하지 못한 태도로 행동하는 것

데모 데이(demo day)=시연회 날

데이터베이스(database)=정보 집합체, 컴퓨터에서 신속한 탐색과 검색을 위해 특별히 조직된 정보 집합체, 여러 사람에 의해 공유되어 사용될 목적으로 통합하여 관리되는 자료 집합

데미지(damage)=손상, 피해, 훼손, 악영향, 손상을 주다, 피해를 입히다, 훼손하다

데자뷰(deja vu): 처음 경험 임에도 불구하고 이미 본 적

이 있거나 경험한 적이 있다는 이상한 느낌이나 환상. 프랑스어로 "이미 보았다"는 뜻.

도그마(dogma)=독단적인 신념이나 학설, 이성적 비판이 허용되지 않는 교리, 교조, 교의 등을 통틀어 이르는 말

도어스테핑(doorstepping)=출근길 문답, 호별 방문

도파민(dopamine)= 중추신경계에 존재하는 신경전달물질의 일종으로 의욕, 행복, 기억, 인지, 운동 조절 등 뇌에 다방면으로 관여함

도플갱어(doppelganger)=자신과 똑같이 생긴 사람이나 동물, 즉 분신이나 복제품

드래곤(dragon)=(신화 속에 나오는) 용

디자인 비엔날레(design biennale)=국제 미술전

디지털치매=디지털 기기에 지나치게 의존하여 기억력이나 계산력이 크게 떨어진 상태를 일컫는 말

디폴트(default)=채무자가 공사채나 은행 융자, 외채 등의 원리금 상환 만기일에 지불 채무를 이행할 수 없는 상태

딥 페이크(deep fake)=인공지능 기술을 이용해 특정 인물의 얼굴 등을 특정 영상에 합성한 편집물, 주로 가짜 동영상.

딩크 족(DINK, Double Income No Kids 의 약어)=정상적인 부부 생활을 영위하면서 의도적으로 자녀를 두지 않는 맞벌이 부부를 일컫는 말

라이브 커머스(live commerce)=실시간 방송 판매

랜덤(random)=무작위(의), 무계획(적인)/ 보통 어떤 사건이 규칙성이 보이지 않고 무작위로 발생한다는 것

랩소디(rhapsody)=광시곡, 자유롭고 관능적인 악곡 형식

레드 오션(red ocean)=붉은 바다. 이미 알려져 있어서 경쟁이 매우 치열한 특정 산업내의 기존 시장을 비유하는 표현

레알(real)=진짜, 또는 정말이라는 뜻.

레트로(retro)=과거의 제도, 유행, 풍습으로 돌아가거나 따라 하려는 것을 통칭하여 이르는 말

레퍼토리(repertory)=들려줄 수 있는 이야깃거리나 보여줄 수 있는 장기, 상연 목록, 연주 곡목

로드맵(roadmap)=방향제시도, 스케줄, 도로지도

로밍(roaming)=계약하지 않은 통신 회사의 통신 서비스도 받을 수 있는 것. 국제통화기능(휴대폰 출시)체계

루저(loser)=패자, 모든 면에서 부족하여 어디에 가든 대접을 못 받는 사람

리셋(reset)=초기 상태로 되돌리는 일

리얼리티(reality)=현실. 리얼리티 예능에서 쓰이는 경우, 어떠한 인위적인 각본으로 짜여진 것이 아닌 실제 상황이나 인물들을 중심으로 이뤄지는 예능을 말함

리플=리플라이(reply)의 준말. 댓글 · 답변 · 의견

마스터플랜(masterplan)=종합계획, 기본계획

미스터리(mystery)=수수께끼, 신비, 불가사의

마일리지(mileage)=주행거리, 고객은 이용 실적에 따라 점수를 획득하는데 누적된 점수는 화폐의 기능을 한다

마조히스트(masochist)=성적으로 학대를 당하고 쾌감을 느끼는 사람

매니페스터(manifester)= 감정, 태도, 특질을 분명하고 명백하게 하는 사람(것)

매니페스토(manifesto)운동=선거 공약검증운동

머그샷(mugshot)=경찰에 체포된 범인을 식별하기 위해 촬영한 사진

메리트(merit)=장점, 이점, 가치, 자격/가치가 있다

메시지(message)=무엇을 알리기 위해 보내는 말이나 글

메카니즘(mechanism)=기계장치, 기구, 방법, 구조

메타(meta)=더 높은, 초월한 뜻의 그리스어

메타버스(metaverse)=현실세계와 같은 사회·경제·문화 활동이 이뤄지는 3차원 가상세계를 말함

메타포(metaphor)=행동, 개념, 물체 등의 특성과는 다른 무관한 말로 대체하여 간접적, 암시적으로 나타내는 은유법, 비유법으로 직유와 대조되는 암유 표현.

멘붕=멘탈(mental)의 붕괴. 정신과 마음이 무너져 내림

멘탈(mental)=생각이나 판단하는 정신, 또는 정신세계.

멘토(mentor)=현명하고 신뢰할 수 있는 상대이며 스승 혹은 인생 길잡이 역할을 하는 사람

모니터링(monitoring)=감시, 관찰, 방송국, 신문사, 기업 등으로부터 의뢰받은 방송 프로그램, 신문 기사, 제품 등에 대해 의견을 제출하는 일

모라토리움(moratorium)=한 나라 전체나 어느 특정 지역에 긴급 사태가 발생한 경우에 국가 권력의 발동에 의하여 일정 기간 금전 채무의 이행을 연장시키는 일

미러클(miracle)=기적, 기적 같은 일. 경이로운 예

미션(mission)=사명, 임무

바운스(bounce)=튀다, 튀어 오름, 반동력, 탄력 의미

버블(bubble)=거품

베테랑(veteran)=(어떤 분야의) 전문가, 참전 용사, 재향 군인

벤치마킹(benchmarking)=타인의 제품이나 조직의 특징을 비교분석하여 그 장점을 보고 배우는 경영 전략 기법

벤틀리(Bentley)=영국의 최고급 수공 자동차 제조사 혹은 이 회사 만든 차량

보이콧(boycott)=어떤 일을 공동으로 받아들이지 않고 물리치는 일, 불매동맹, 비매동맹

브랜드(brand)=사업자가 자기 상품을 경쟁업체의 것과 구별하기 위하여 사용하는 기호·문자·도형 따위의

일정한 표지

브런치(Breakfast+Lunch)=아침 겸 점심으로 먹는 밥을 속되게 이르는 말. 어울참

블랙 컨슈머(black consumer)=악덕 소비자. 구매한 상품을 문제 삼아 피해를 본 것처럼 꾸며 악의적 민원을 제기하거나 보상을 요구하는 소비자

블루 오션(blue ocean)=푸른 바다. 아직 시도된 적이 없는 광범위하고 깊은 잠재력을 가진 시장 비유 표현

비주얼(visual)='시각적인'이라는 뜻. 한국에서는 사람의 외모를 가리키는 말로도 많이 쓰이는데, 가령 특정 집단에 속한 사람에게 '비주얼 담당'이라 하면 그중에 가장 외모가 뛰어나다는 뜻

사디스트(sadist)=가학성애자. 성적 대상에게 육체적, 정신적 고통을 줌으로써 성적 쾌락을 얻는 사람

사보타주(sabotage)=태업을 벌임. 노동쟁위, 의도적으로 일을 게을리 하여 사주에게 손해를 주는 방법

사이코패스(psychopath)=태어날 때부터 감정을 관장하는 뇌 영역이 처음부터 발달하지 않은 반사회적 성격장애와 품행장애를 가진 사람들을 지칭하는 데 주로 사용

세미(semi)=절반(切半), '어느 정도', '~에 준(準)하는 뜻

세미나 (seminar)=(교육을 위한) 토론회, 연구회

센세이션(sensation)=(자극을 받아서 느끼게 되는) 느낌,

많은 사람을 흥분시키거나 물의를 일으키는 것

소셜 미디어(social media)=누리 소통 매체, 생각이나 의견을 표현하거나 공유하기 위해 사용하는 개방화된 인터넷상의 내용이나 매체

소셜 커머스(social commerce)=공동 할인구매. 소셜네트워크서비스(SNS)를 이용한 전자 상거래의 일종

소스(source)=원천, 근원, 출처, 정보원

소쓰(sauce)=(요리의) 액체 양념, 자극, 재미

소프트(soft)=부드러운

소프트파워(soft power)=문화적 영향력

솔루션(solution)=해답, 해결책, 해결방안, 용액

쇼핑몰(shopping mall)=여러 가지 물건을 한번에 살 수 있도록 상점이 모여있는 곳

스미싱(smishing)=문자메시지로 낚는다는 의미로 스마트폰으로 개인정보를 빼내서 범죄에 이용하는 것

스펙터클(spectacle)=(굉장한) 구경거리, 광경, 장관

스태그플레이션(stagflation)=경제 불황 속에서 물가상승이 동시에 발생하고 있는 상태

시너지(synergy)=(협동에 따른)상승 작용, 상승력, 협동작용

시놉시스(synopsis)=영화나 드라마의 간단한 줄거리나 개요, 주제, 기획의도, 줄거리, 등장인물, 배경 설명

시뮬레이션(simulation)=영화어떤 장치나 시스템의 동작이나 작용을 다른 장치를 이용해서 모의실험으로 알아보고 그 특성을 파악하는 것

시스템(system)=필요한 기능을 실현하기 위하여 관련 요소를 어떤 법칙에 따라 조합한 집합체.

시즌오프(season off)=철 지난 상품을 싸게 파는 일

시크리트(secret)=비밀

시트콤(sitcom)=시추에이션 코메디(situation comedy) 약자, 분위기가 가볍고, 웃긴 요소를 극대화한 연속극

시프트(shift)=교대, 전환, 변화

싱글(single)=한 개, 단일, 한 사람

아그레망(Agrement)=(대사·공사 파견에 대한) 주재국의 승인

아노미(anomie)=불안·자기 상실감·무력감 등에서 볼 수 있는 부적응 현상.

아웃쏘싱(outsourcing)=자체의 인력, 설비, 부품 등을 이용해 비용 절감과 효율성 증대를 목적으로 외부 용역이나 부품으로 대체하는 것

아웃렛(outlet)=백화점 등에서 팔고 남은 옷, 구두 등 패션 용품을 할인하여 판매하는 장소

아이쇼핑(eye shopping)=눈으로만 사고 싶은 물건들을 봄

아이템(item)=항목, 품목, 종목

아젠다(agenda)=의제, 협의사항, 의사일정

알레고리(allegory)=유사성을 적절히 암시하면서 주제를 나타내는 수사법. 즉 풍자하거나 의인화해서 이야기를 전달하는 표현방법

애드 립(ad lib)=(연극, 영화 등에서) 대본에 없는 대사를 즉흥적으로 만들어내는 것

어택(attack)=공격(하다), 습격(하다), 발병(하다)

어필(appeal)=호소(하다), 항소(하다), 관심을 끌다

언박싱(unboxing)=(상자, 포장물의) 개봉, 개봉기

얼리어답터(early adopter)=남들보다 먼저 신제품을 사서 써 보는 사람

에디터(editor)=편집자

에피소드(episode)=중요하거나 재미있는 사건, (라디오·텔레비전 연속 프로의) 1회 방송분

엑소더스(exodus)=(많은 사람들이 동시에 하는)탈출

엔터테인먼트(entertainment)=대중을 즐겁게 해주는 연예(코미디, 음악, 토크 쇼 등 오락)

오리지널(original)=기원, 모조품 등을 만드는 최초의 작품.

옴부즈(ombuds)=다른 사람의 대리인 (스웨덴어)

옴부즈맨(ombudsman)=정부나 의회에 의해 임명된 관리로, 시민들에 의해 제기된 각종 민원을 수사하고 해결해 주는 사람

워치(watch)=무언가를 주시하는 것, (휴대용) 시계

위즈덤(wisdom)=지혜, 슬기, 지식, 현명함, 타당성

유비쿼터스(ubiquitous)=도처에 있는, 사용자가 컴퓨터나 네트워크를 의식하지 않고 장소에 상관없이 자유롭게 네트워크에 접속할 수 있는 환경

이데올로기(ideology)=사람이 인간·자연·사회에 대해 규정짓는 현실적이면서 동시에 이념적인 의식의 형태

인서트(insert)=끼우다, 삽입하다, 삽입 광고

인센티브(incentive)=장려책, 우대책

젠트리피케이션(gentrification)=둥지 내몰림, 도심 인근의 낙후지역이 활성화되면서 임대료 상승 등으로 원주민이 밀려나는 현상

징크스(jinx)=재수 없는 일, 불길한 징조의 사람이나 물건, 으레 그렇게 될 수밖에 없는 악운으로 여겨지는 것

챌린지(challenge)=도전하다. 도전 잇기, 참여 잇기.

치팅 데이(cheating day)=식단 조절을 하는 동안 정해진 식단을 따르지 않고 자신이 먹고 싶은 음식을 먹는 날

카르텔(cartel)=서로 다른 조직이 공통된 목적을 위해 일시적으로 연합하는 것, 파벌, 패거리

카오스(chaos)=천지 창조 이전의 혼돈(混沌) 상태

카이로스(Kairos)=기회를 잡을 수 있는 결정적 순간, 평생 동안 기억되는 개인적 경험의 시간을 뜻

카트리지(cartridge)=탄약통. 바꿔 끼우기 간편한 작은 용기. 프린터기의 잉크통

커넥션(connection)=연결, 연계, 연관, 접속, 관계

컨설팅(consulting)=전문지식을 가진 사람이 상담이나 자문에 응하는 일

컨셉트(concept)=개념

컨텐츠(contents)=(어떤 것의) 속에 든 것들, 내용들, 내용물들, 목차

컬렉션(collection)=수집, 집성, 수집품, 소장품

코스프레(cosplay, costume play)=만화나 애니메이션, 게임에 나오는 캐릭터의 의상을 입고 서로 모여서 노는 놀이이자 하위 예술 장르의 일종

콘서트(concert)=연주회

콘택(contact)=연락, 접촉, 닿음, 연락하다

콘셉(concept)=개념, 관념, 일반적인 생각

콘텐츠(contents)=내용, 내용물, 목차.

콜렉트 콜(collect call)=수신자 부담. 전화를 받는 사람이 전화요금을 지불하는 방법

콜 센터(call center)=안내 전화 상담실

쿠폰(coupon)=상품에 붙어있는 우대권 또는 교환권

퀄리티(quality)=품질, 질, 자질

퀴어(queer)= 기묘한, 괴상한 / 성소수자가 스스로를 나타내는 말 가운데 하나

크로스(cross)=십자가,(가로질러) 건너다,(서로) 교차하다
키워드(keyword)=핵심어, 주요 단어(뜻을 밝히는데 열쇠가 되는 중요하고 핵심이 되는 말)
테이크아웃(takeout)=음식을 포장해서 판매하는 식당이 아닌 다른 곳에서 먹는 것, 다른 데서 먹을 수 있게 사 가지고 갈 수 있는 음식을 파는 식당
트랜스젠더(transgender)=성전환 수술자
트러블매이커(troublemaker)=말썽꾼, 분쟁 야기자
트릭(trick)=속임수,(골탕을 먹이기 위한) 장난
텐션(tension)=긴장, 긴장 상태, 갈등,팽팽하게 하다
틱(tic)=의도한 것도 아닌데 갑자기, 빠르게, 반복적으로, 비슷한 행동을 하거나 소리를 내는 것
파노라마(panorama)=전경(全景), 특정 주제·사건 등을 한 눈에 보여주는 묘사·연구·그림들
파라다이스(paradise)=걱정이나 근심 없이 행복을 누릴 수 있는 곳
파이터(fighter)=싸움꾼, 전투원, 전투기
파이팅(fighting)=싸움, 전투, 투지, 응원하며 잘 싸우라는 뜻으로 외치는 소리
판타지(fantasy)=공상, 상상, (공상의) 산물
팔로우(follow)=따라가다, 뒤따르다/ 사회연결망서비스 상의 한 사람 또는 계정의 사진 글 등을 계속해서 따르겠다, 계속 보겠다는 뜻. 유튜브의 '구독' 같은 개념.

블로그에서는 '이웃추가' 또는 친구추가와 같은 말

팔로워(follower)=팔로우를 하는 사람. 추종자, 신봉자, 팬 등의 의미. 어떤 사람의 글을 받아보는 사람

패널(panel)=토론에 참여하여 의견을 말하거나, 방송 프로그램에 출연해 사회자의 진행을 돕는 역할을 하는 사람 또는 그런 집단.

패러독스(paradox)=역설, 옳은 것으로 보이나 이상한 결론을 도출하는 주장, 논리적으로 모순을 일으키는 논증.

패러다임(paradigm)=생각, 인식의 틀, 특정 영역·시대의 지배적인 대상 파악 방법 또는 다양한 관념을 서로 연관시켜 질서 지우는 체계나 구조를 일컫는 개념. 범례

패러디(parody)=특정 작품의 소재나 문체를 흉내 내어 익살스럽게 표현하는 수법 또는 그런 작품. 다른 것을 풍자적으로 모방한 글, 음악, 연극 등

팩트 체크(fact check)=사실 확인

팬덤(fandom)=특정 사람, 팀, 스포츠 등의 팬 들

퍼니(funny)=재미있는, 익살맞은, 우스운, 웃기는

퍼머먼트(permanent make-up)=성형 수술, 반영구 화장:파마(=펌, perm)

포렌식(forensics)=법의학적인, 범죄과학수사의, 법정 재판에 관한.

포럼(forum)=공개 토론회, 공공 광장, 대광장,

푸쉬(push)=민다, 힘으로 밀어붙이다. 누르기

프라임(prime)=최상등급. 주된, 주요한, 기본적인

프랜차이즈(franchise)=특정한 상품이나 서비스를 제공하는 주제자가 일정한 자격을 갖춘 사람에게 일정지역에서의 영업권을 줌.

프레임(frame)=틀, 뼈대 구조

프로테스탄트(protestant)=신교 신봉 교도(16세기 종교개혁 결과로 로마 가톨릭교회에서 떨어져 성립된 종교단체)

프리덤(freedom)=자유, 자유로운 상태

피드백(feedback)=되알림, 상대방에게 그의 행동 결과에 대한 정보를 제공해 주는 것

피케팅(picketing)=특정 주장을 다른 사람들에게 알리기 위해 그 해당 내용을 적은 널빤지를 들고 있는 행위

피톤치드(phytoncide)=식물이 병원균·해충·곰팡이에 저항하려고 내뿜거나 분비하는 물질. 심폐 기능을 강화시키며 기관지 천식과 폐결핵 치료, 심장 강화에도 도움이 된다고 알려져 있다.

픽쳐(picture)=그림, 사진, 묘사하다

필리버스터(filibuster)=무제한 토론. 의회 안에서 다수파의 독주를 막기 위해 합법적 수단으로 의사 진행함

하드(hard)=엄격한, 딱딱함, 아이스크림에 반대되는

하드 커버(hard cover)=책 표지가 두꺼운 것(책의 얇은

표지는 소프트 커버)

헌터(hunter)=사냥꾼

허브(herb)=약초, 향초, 초본(草本)

호모 사피엔스(homo sapiens)=지혜(슬기)가 있는 사람이라는 뜻. 사람속(homo)에 속하는 생물 중 현존하는 종만을 가리키는 것으로, 인류의 진화 단계를 몇 가지로 구분하였을 때 가장 진화한 단계임

휴먼니스트(humanist)=인도주의자

해킹(hacking)=다른 사람의 컴퓨터 시스템에 무단으로 침입하여 데이터와 프로그램을 없애거나 망치는 일

해커(hacker)=해킹(hacking)을 하는 사람

허그(hug)=(사람을) 껴안다, 포옹하다, (무엇을) 끌어안다, 껴안기, 포옹

힌트(hint)=넌지시 알려주는 것(알려주다)

문학·예술 플라자

울타리 문학 · 아트 플라자

글벗문학마을을 울타리글벗문학회로 개칭하고 〈울타리 문학·아트 플라자〉를 개설합니다.

글쓰기 취미 작가 작품을 환영합니다.
- 스마트 시 : 시 / 동시 (3편 12행 이내)
- 스마트 수필 : 에세이 / 칼럼(15매 이내)
- 스마트 소설 : 소설 / 동화(30매 이내)
- 스마트 음악 : 찬송시 / 가요 (1편)
- 스마트 미술 : 만평 / 만화 (1편)

제출 창작품은 심사 후 울타리에 게재하고 게재집필자는 울타리글벗문학회 회원으로 모시고 울타리 10부를 드립니다.(원고 보낼 때 연락처 명기)

작품 제출은 다음을 참작하시기 바랍니다.

도서출판 한글
* E-mail : simsazang@daum.net
* 카카오톡 〈울타리〉에 가입 후 작품 발송도 됨.

한글출판문화수호 지킴이

미술/만평

하늘 사다리

동심문학가 **심광일**

심광일

한국아동문학연구회이사
한국동요음악협회 사무국장, 부회장 역임
전국아버지동화구연대회 대상 (문광부장관 상)
한국아름다운 글 문학상 수상, 한국동요음악대상
(작사부문) 동시집 「그래 나는 바보다,"
장편소설 「아버지의 눈물」

南谷畵廊

서체와 사자성어

오체서예

이병희

해서(楷書)

행서(行書)

예서(隸書)

전서(篆書)

금문(金文)

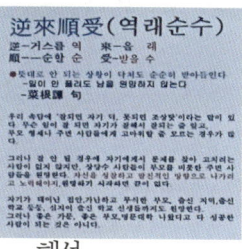
해설

사자성어

ㄱ

苛斂誅求 (가렴주구) — 세금을 가혹하게 징수함. 苛斂誅求

佳人薄命 (가인박명) — 용모가 아름다운 여자는 대개 운명이 기구함. 佳人薄命

刻骨難忘 (각골난망) — 은혜가 뼈에 새겨져 잊지 못함. 刻骨难忘

刻骨痛恨 (각골통한) — 원한이 뼈에 사무쳐 잊히지 않아 크게 한탄함. 刻骨痛恨

刻舟求劍 (각주구검) — 떠가는 배에서 칼을 떨어뜨리고 그 자리에 표시를 하였다가 배가 정박한 뒤에 표한 자리에서 칼을 찾는다. 미련해서 융통성이 없음을 비유. 刻舟求劍

| **艱難辛苦**
간 난 신 고 | 온갖 고초를 겪음.

艰难辛苦 |

| **竿頭之勢**
간 두 지 세 | 어려움이 극도에 달하여 꼼짝 못하게 됨. 대 바지랑대 끝에 선 것 같음.　　　竿头之势 |

| **間於齊楚**
간 어 제 초 | 약자가 강자 틈에 끼어 괴롭을 당함.　　　間於齐楚 |

| **看雲步月**
간 운 보 월 | 객지에서 고향 생각을 하고 달 밤에 구름을 바라보며 거님.

看云步月 |

| **渴而穿井**
갈 이 천 정 | 목이 말라야 우물을 팜. 미리 준비하지 않고 임박하여 급히 하면 때가 늦어서 되지 않음.

渴而穿井 |

| **感慨無量**
감 개 무 량 | 지나간 일이나 자취에 대해 느끼는 회포가 한량없이 깊고 큼.

感慨无量 |

| **甘言利説**
감 언 이 설 | 남의 비위를 맞추는 달콤한 말과 이로운 조건만 들어 그럴 듯하게 꾀는 말.

甘言利说 |

| 甘呑苦吐 | 달면 삼키고 쓰면 뱉음. 신의를 저버리고 욕심을 부림. |
| 감 탄 고 토 | 甘吞苦吐 |

| 甲論乙駁 | 서로 논란하고 반박하는 일. |
| 갑 론 을 박 | 甲论乙驳 |

| 康衢煙月 | 태평한 시대 큰 길거리의 아름다운 풍경. |
| 강 구 연 월 | 康衢烟月 |

| 改過遷善 | 지나간 허물을 고치고 착하게 됨. |
| 개 과 천 선 | 改过迁善 |

| 客窓寒燈 | 나그네의 숙소 창가에 비치는 싸늘한 등불. 즉 나그네의 외로운 신세를 비유. |
| 객 창 한 등 | 客窗寒灯 |

| 去頭截尾 | 앞뒤의 사설을 빼고 요점만 말함. |
| 거 두 절 미 | 去头截尾 |

| 居安思危 | 편안할 때에도 닥칠지 모를 위태로움을 생각하며 정신을 가다듬음. |
| 거 안 사 위 | 居安思危 |

| 車載斗量 | 차에 싣고 말로 셀 만큼 물건이 흔하거나 많음. |
| 거 재 두 량 | 车载斗量 |

乾坤一擲 건 곤 일 척	흥망을 걸고 단판걸이로 승부를 겨룸. 乾坤一掷
乾木水生 건 목 수 생	마른 나무에서 물을 짜내려 함. 乾木水生
乞兒得錦 걸 아 득 금	거지 아이가 비단을 얻다. 즉 분수에 넘치게 자랑함. 乞儿得锦
格物致知 격 물 치 지	주자학:본질이나 이치를 연구하여 후천적 지식을 닦음. 양명학:자기 생각의 잘못을 바로잡고 선천적인 양지(良知)를 닦음. 格物致知
隔世之感 격 세 지 감	딴 세대와 같이 몹시 달라진 느낌. 隔世之感
隔靴搔癢 격 화 소 양	신을 신고 발바닥을 긁는다는 뜻으로 일이 성에 차지 않음을 비유. 隔靴搔痒
牽强附會 견 강 부 회	말을 억지로 끌어 붙여 자기 의견을 합리화함. 牵强附会
見金如石 견 금 여 석	황금 보기를 돌같이. 고려 명장 최영(崔瑩)의 아버지가 가르쳤다는 교훈. 見金如石

見利思義 견 리 사 의	재물을 보면 의를 먼저 생각함. 见利思义
犬馬之勞 견 마 지 로	자기의 노력을 낮추어 겸손히 일컬음. 犬马之劳
見物生心 견 물 생 심	물건을 보면 욕심이 생김. 见物生心
見危授命 견 위 수 명	나라가 위기에 빠졌을 때 자기의 목숨을 바침. 见危授命
見而不食 견 이 불 식	보고도 먹지 못함. 그림의 떡. 见而不食
犬兔之爭 견 토 지 쟁	개와 토끼가 싸우다 지쳐 죽은 걸 지나던 농부가 주워다 먹었다는 말. 제3자가 이익을 얻게 됨을 비유. 犬兔之争
荒唐無稽 황 당 무 계	말이나 행동이 너무나 허황되어 믿을 수 없음. 荒唐无稽
誨人不倦 회 인 불 권	사람을 가르치고 깨우침에 조금도 권태를 느끼지 않음. 诲人不倦

| 膾炙人口
회 자 인 구 | '회자'란 '고기에 회친 것과 구운 것'이란 뜻으로 널리 사람들의 입에 오르내림. 좋은 글귀가 여러 사람들 입에 자주 오름.
脍炙人口 |

| 會者定離
회 자 정 리 | 만나면 반드시 헤어지게 마련.
会者定离 |

| 橫說竪說
횡 설 수 설 | 되는 대로 조리 없는 마구 지껄임.
橫说竖说 |

| 興盡悲來
흥 진 비 래 | 세상일에 너무 자만하거나 낙담하지 말라는 뜻. 즐거움이 다하면 슬픔이 옴.
兴尽悲来 |

| 喜怒哀樂
희 로 애 락 | 기쁨과 노여움과 슬픔과 즐거움. 인간이 갖고 있는 온갖 감정을 이름.
喜怒哀乐 |

중국간자 (5)

수	输	輸=나를 수	输送/运输/输入
	寿	壽=목숨 수	献寿/长寿/万寿
	树	樹=나무 수	植树/树种/树林
	帅	帥=장수 수	将帅/统帅
	谁	誰=누구 수	谁何
	兽	獸=짐승 수	猛兽/禽兽/野兽
숙	肃	肅=엄숙 숙	肃然/严肃/静肃
술	术	術=꾀 술	施术/技术/术策
	述	述=지을 술	陈述/论述/叙述
승	胜	勝=이길 승	胜利/完胜/胜败
	绳	繩=줄 승	自绳自缚
식	识	識=알 식	知识/面识/识字
슬	虱	蝨=이 슬	
습	习	習=익힐 습	学习/习惯/练习
	湿	濕=축축할 습	湿气/湿度/温湿
	袭	襲=엄습할 습	袭击/被袭/夜袭
아	亚	亞=버금 아	亚细亚
	儿	兒=아이 아	儿童/弃儿/男儿
	饿	餓=주릴 아	饿死/饥饿/饿鬼
악	恶	惡=악할 악	恶党/恶魔/恶毒
	垩	堊=백토 악	
애	爱	愛=사랑 애	爱情/爱慕/殉爱
알	阏	閼=가로막을 알	
	轧	軋=삐걱거릴 알	轧轹
	谒	謁=아뢸 알	谒见/拜谒
압	压	壓=누를 압	抑压/镇压/压力

암	岩	巖=바위 암	岩石/岩盘/岩山
앵	莺	鶯=꾀꼬리 앵	鹦鹉
액	额	額=이마 액	额面/金额/额数
약	药	藥=약 약	药局/药草/药师
양	阳	陽=볕 양	阳地/阳性/太阳
	杨	楊=버들 양	
	扬	揚=오를 양	扬水/扬手/引扬
	养	養=기를 양	养蜂/养成/养父母
어	渔	漁=고기 잡을 어	渔夫/渔父/渔业
	语	語=말씀 어	语学/独语/国语
엄	严	嚴=엄할 엄	严肃/严格/严父
업	业	業=업 업	农业/矿业/职业
여	馀	餘=남을 여	馀裕/馀暇/馀分
	与	與=줄 여	授与/受与/赠与
	丽	麗=고울 여	美丽/高丽/壮丽
	励	勵=힘쓸 여	督励/奖励/勉励
	骊	驪=가라말 려	
역	历	歷=지날 역	履历/经历/历史
	译	譯=토변할 역	翻译/意译/通译
	轹	轢=삐걱거릴 역	轹死
	绎	繹=풀어낼 역	演绎
	驿	驛=역참 역	驿长/驿务/驿员
연	连	連=잇 다을 연	连结/连续/连属
	恋	戀=사모할 연	恋慕/恋情/恋爱
	软	軟=연할 연	软骨/软弱/柔软
	联	聯=잇달 연	关联/联合/联政

울타리후원자

강갑수	방병석	임준택	**스마트 북 15집**
권종태	배상현	임충빈	**대추나무 울타리**
권명순	배정향	전형진	발행에
김광일	백근기	전흥구	후원하신 분들
김대열	손경영	정경혜	임충빈 100,000
김명배	신건자	정기영	이계자 34,000
김무숙	신성종	정두모	조성호 100,000
김미정	신영옥	정연웅	한평화 20,000
김복희	신외숙	정태광	김어영 30,000
김상빈	신인호	조성호	유성식 100,000
김상진	심광일	주현주	홍문종 50,000
김연수	심용개	진명숙	권명순 50,000
김성수	심만기	최강일	윤쥬홍 100,000
김소엽	심은실	최명덕	심용기 40,000
김순덕	안승준	최신재	조성국 50,000
김순찬	엄기원	최용학	김영백 13,000
김순희	오연수	최원현	정태광 40,000
김승래	유영자	최의상	한명희 20,000
김어영	유성식	최창근	김명희 100,000
김영배	이건숙	표만석	권명순 50,000
김영백	이계자	한명희	심광일 100,000
김예희	이동원	한평화	조마구 21,000
김정원	이병희	허윤정	이병희 30,000
김홍성	이상귀	김예희	서철수 100,000
남창희	이상인	성용애	
남춘길	이상진	이선규	
민은기	이석문	홍조운	
박경자	이주형	안은순	
박영애	이소연	이중택	
박영률	이진호	심현산	
박주연	이용덕	노흥업	
박찬숙	이채원	김종화	
박 하	임성길		